형이상학의 땅 위에서

김채수

고려대학교 문과대학 졸업(영어영문학과)

일본 쓰쿠바(筑波)대학 문예언어연구과 문예이론 전공(석 · 박사과정 졸업, 문학박사)

하버드대학 동아시아 언어문명학과 포스트닥터 수료

중문대학 비교문학연구소 스페셜스칼러

북경대학 비교문학연구소 연구교수

현재 고려대학교 문과대학 교수(일어일문학과)

저서

『川端康成文學作品における〈死〉の內在樣式』(教育出版センター, 1984), 『가와바타 야스나리 연구』(1989), 『영향과 내발』(1994), 『동아시아문학의 기본구도 I · II』(1995), 『일본 사회주의운동과 사회주의문학』(1997), 『글로벌 시대 일본문학 어떻게 연구할 것인가』(2001), 『가와바타 야스나리 〈설국〉 연구』(2004), 『문화비평과 과정학』(2005), 『일본의 내셔널리즘과 글로벌리즘』(2005), 『日本右翼의 활동과 사상 연구』(2008), 『글로벌 문화이론 과정학』(2009), 『학문과 예술의 이론적 탐구』(2010), 『알타이문명론』(2013), 『과정학원론』(2014))

김채수 저작집 16_[시]

형이상학의 땅 위에서

초판 인쇄 2014년 7월 21일
초판 발행 2014년 7월 30일

지은이 김채수 | **펴낸이** 박찬익 | **편집장** 김려생 | **책임편집** 황인옥
펴낸곳 도서출판 **박이정** | **주소** 서울시 동대문구 천호대로 16가길 4
전화 02) 922-1192~3 | **팩스** 02) 928-4683 | **홈페이지** www.pijbook.com
이메일 pijbook@naver.com | **등록** 1991년 3월 12일 제1-1182호

ISBN 978-89-6292-648-4 (94830)
ISBN 978-89-6292-632-3 (세트)

* 책값은 뒤표지에 있습니다.

김 채 수
저 작 집

[시]

형이상학의 땅 위에서

도서출판 박이정

저작물들을 묶으며

본 저작집에 수록된 저작물들은 1984년부터 2014년까지 필자의 30년 연구결과물과 문학작품들을 모은 것이다. 1984년은 필자가 일본에서 박사학위를 취득한 해이며, 2014년 올해는 필자가 정년을 맞는 해이다. 지난 30년 동안을 이 저작집에 실린 원고들을 산출해 내면서 필자에게 주어진 대부분의 나날들을 보냈다.

그동안 필자는 일문학과에 적을 두면서 동서양의 문학과 철학, 역사 등의 다양한 학문의 영역에서 연구 활동을 하였다. 필자의 연구는 동아시아의 문화와 문학을 서구의 그것과 하나로 일관해낼 수 있는 보편적 시각을 확립한다는 목표로 진행되었다. 이 저작집은 필자가 이러한 글로벌리즘에 입각해 이 시대에 걸 맞는 문예이론을 확립해내기 위한 작업의 결실이다.

본 저작집은 전 18권으로 이루어졌다. 연구논문집이 14권, 평론집이 1권, 창작물(시집 1권, 소설 2권)이 3권으로 되어 있다.

이 저작물들에 의하면 필자는 분명 문학연구자로 지칭될 수 있다. 구조주의가 출현한 1960년대 이후부터 문학연구는 문화론적 차원에서 접근되어 왔다. 이러한 사실이 고려되지 않는다면 아마도 필자는 현시점에서는 문화 · 문학연구자로 불릴 수 있을지도 모른다. 대학 2학년 때 문학을 해보기로 마음먹은 이후, 필자는 문학에 대해 줄곧 두 가지 입장을 취해왔다. 하나는 창작이고, 다른 하나는 창작이론의 구축을 위한 문학연구이다. 필자는 사실 지금의 시점에서도 이들 두 끈을 놓지 못하고 있다.

전자에 대한 입장을 견지해 나가는 과정에서 필자는 어느 시점에서부터인가 현재 자신이 '형이상학의 땅 위에서' 존재해 있다는 의식에 도달하고 말았다. 이것은 불행이라면 분명 불행일 수 있다. 또 어쩌면 행운이라면 분명 행운일 수 있다. 한편 후자, 즉 문학연구의 입장에서는 언제부턴가 스스로 '존재의 본질은 표현'이라는 자각에 도달하게 되었다. 사실상 본 저작물들은 필자가 그야말로 '형이상학의 땅 위에서' 가까스로 자신의 존재를 실현시켜나가는 과정에서 다양한 측면에서 생각된 것들이 문자들로 산출된 것들이라고 말할 수 있다.

필자는 이 시점에서 이 저작물들을 하나로 엮어, 이렇게 『김채수저작집』으로 간행한다는 것이 과연 어떤 의미가 있을까를 적잖이 생각해봤다. 처음에는 그렇다 할 의미가 좀처럼 파악되지 않았다. 아마도 그 주된 이유는 필자 자신이 '형이상학의 땅 위에서' 존재해있다는 의식에 떨어져 있기 때문이라 생각되었다. 그러나 또 한편 필자는 설혹 자신이 이러한 형이상학의 땅 위에 존재해있다 하더라도 존재 그 자체의 본질은 역시 표현일 수밖에 없다는 입장을 취하지 않을 수 없다는 생각을 하게 되었다. 그래서 필자는 '존재의 본질은 표현'이라는 사실에 입각해 본 저작집을 간행하기로 마음먹었다.

이 세상에는 형이상학의 세계로 필자를 끌어내주신 분들이 적잖다. 또 '존재의 본질은 표현'일 수밖에 없다고 일깨워주신 수많은 분들이 계신다. 그동안 필자는 그분들에게 여러모로 많은 부채를 져왔다. 필자는 그 분들에게 줄곧 져온 빚을 이 시점에서 조금이라도 갚아보아야겠다는 일념에서 고민 끝에 용기를 내 졸저들을 이렇게 하나로 엮어내기로 마음먹었던 것이다. 내용이 다하지 못해 부끄럽기 그지없을 따름이다.

필자의 학부에서의 전공은 영문학이었다. 석 · 박사과정은 일본의 쓰쿠바 대학에서 이수했다. 그때의 전공은 문예이론이었다. 그 당시의 문예이론은 서구의 구조주의이론이 주를 이루었다. 필자는 그 이론을 가와바타 야스나리의 문학에 적용시켜 박사학위를 취득했다. 그때 이래 필자의 문학연구는 동아시아의 문화 · 문학과 서구의 그것들을 하나로 일관해낼 수 있는 어떤 보편적 시각을 확립시킨다는 목표에서 정진되었다. 필자는 그러한 목표달성을 위해 미국 하버드대의 동아시아 문명 · 언어학과에서 포스트닥터 과정을 이수했고, 귀국 후에는 고려대 일어일문학과에 적을 두고서 홍콩의 중문대학 비교문학 연구소, 중국의 북경대학 비교문학연구소 등에서 연구생활을 보냈다.

필자는 이러한 연구기관들에서의 연구 성과물들을 토대로 동아시아 시각으로부터의 일본문학의 연구, 전 지구적 시각에서의 동아시아 문화 · 문학 연구, 그리고 문화론적 차원에서의 문학 연구 등을 행할 수 있는 시각들을 세워나갔다.

필자는 동서 문학연구의 궁극적인 목적은 동서의 모든 독자들을 감동시킬 수 있는 작품창작에 있다는 입장을 견지해왔다. 또 21세기 글로벌 시대 동서의 독자들 모두를 감동시킬 수 있는 작품들은 필히 글로벌리즘에 기초해야 한다는 입장에서, 글로벌리즘의 일환으로 서구의 구조주의에 대응되는 과정주의를 창출해내서 학문적 · 사상적 차원에서 그것을 연구해왔다. 이러한 과정에서 성립한 학문이 다름 아닌 바로 과정학(Processology)이었다.

과정학에서의 '과정'은 인간의 심리과정(의식), 인간의 지상이동과정(생명체), 인간 존재의 기초를 이루는 지구의 우주공간이동과정(물질), 그리고 우주의 팽창과정(빛)에 대한, 그야말로 차원들이 다른 4개의 과정들이다. 이러한 제 과정들은 기실은 빛의 직진과정을 근본으로 하고 있다.

빛이란 빅뱅 시에 출현한 것으로서, 질량을 0으로 해서 초속 30만 km로 직진 이동해 나타나는 존재이다. 따라서 빛은 영적 존재도 아니고 물질적 존재도 아니다. 그것이야말로 정신과 물질을 하나로 통일시켜 낼 수 있는 존재이다. 이렇게 봤을 때 그러한 빛의 직진과정을 기본으로 해서 성립된 과정학은 인문과학과 자연과학의 복 · 융합학문이라는 성격을 지닌 학문이다.

필자의 저작물들은 과정학적 측면에서 이상과 같은 연구들이 행해지는 과정에서 나온 결과물들이다.

이 저작집 간행작업은 그야말로 방대한 작업임에 틀림없다. 그럼에도 불구하고, 우선 무엇보다도 본 저작집의 간행을 용단해 주신 박이정 출판사 박찬익 사장님께 감사드리고, 또 이 간행작업을 몸소 수행해내신 김려생 편집장님과 김지은 팀장님 이하 여러분들의 노고에 진심으로 감사드린다. 끝으로 교정 작업을 도와준 박호영 박사, 최가형 양, 이정화 양, 한새미 양, 오해성 군 등에게도 감사드린다.

2014년 봄

김채수

머리말

나는 네 번째 시집을 내고 더 이상 시를 쓰지 않았다. 연구에 바빠서라든가 취미가 바뀌어서가 아니었다. 시를 쓸 필요가 없었기 때문이라고나 할까, 쓰지 않아도 지낼 수 있기 때문이라고나 할까. 어쨌든 그런 이유로 시를 쓰지 않은 지 10년째이다.

가끔 나의 설익은 생각들로 시를 쓰던 시절을 어루만져보다가, 괜찮은 것들이 몇 편 있다는 생각이 들었다. 그래서 우선 그것들을 뽑아내고, 또 좀 다듬으면 되겠다 싶은 것들도 뽑아내서 그것들로부터 내 삶의 비린내들을 빨아내는 데까지 빨아내서 엮어본 것이 이 시집이다.

다시 시를 써 볼 생각은 없다. 그러나 이것을 엮으며 시를 쓰던 시절로 되돌아 가 볼 수 있어서 좋았다. 한 겨울 달밤, 들판 길을 걷고 있는 기분이 들 때도 있었고 별들이 쏟아져 내리는 밤하늘을 그 누군가와 걷고 있다는 기분이 들 때도 있었다.

시를 쓰던 시절에는 과수원을 지나가는 저녁 바람이 있었고 밤하늘에 빛나는 별들이 있었다. 그러나 시를 쓰다가 어떻게 내가 시가 되어버린 지금 더 이상 무엇을 바라겠는가. 더 이상 무슨 그런 것들이 필요하겠는가. 어떻게 바람 소리를 좋아하다 바람이 되어버린 지금, 어떻게 별들을 그리워하다가 별들이 되어버린 지금에 와서.

차례

제 3부 형이상학의 땅 위에서

제 4부 빛을 핥는 뱀에게

제 5부 시 해설

제 1 부

우상의 음영에서

서문

방법을 찾아서

이것은 산다는 것에 대한 나의 감정을 기록한 것이다.

사람들은 왜 자신들의 삶에 대한 감정을 기록하는 것일까? 게다가 그것을 공표까지 하는 것일까? 정말 기록해 볼 필요가 있는 것일까? 공표할 가치가 있는 것인가? 이러한 물음은 내가 나의 존재 이유를 진지하게 생각해보기 시작한 무렵부터 계속되어 왔다.

사실 나는 아직도 나의 존재이유를 확실히 알지 못한다. 그러면서도 요사이 나는 나의 존재이유에 대해서 전과 같이 진지한 관심을 갖고 있지 않다. 어느 새에 나는 존재이유보다는 존재방법의 면에 훨씬 더 많은 관심을 갖게 되어 버렸다. 그러니까 그렇다 할 존재이유도 모르고 존재방법을 생각하게 된 셈이다. 이것은 정말 비겁한 짓이다. 그러나 어떻게 생각해보면 근래 나의 존재방법에 대한 관심은 존재이유에 대해서는 알 수 없다는 어떤 어렴풋한 결론을 토대로 하여 생기게 되었는지도 모른다.

산다는 것은 허무에 대한 끝없는 도전인가? 이런 생각을 하게 된 무렵부터 나는 내 자신의 삶에 대한 느낌을 기록해 보는 것도, 또 그것을 공표해 보는 것도 하나의 의미있는 일일 수 있다는 생각을 하게 되었다. 왜냐하면 그러한 것들도 이제 나에게서는 삶의 구체적인 실현 방법들의 하나일 수 있다는 생각을 하게 되었기 때문이다.

원래 삶 그 자체가 무지를 기반으로 하여 성립된 것이기 때문에, 허무한 것이라는 관념을 버릴 수 없는 한, 자신의 삶을 실현해가는 하나하나의 구체적 언행들에 대하여 지나친 의미나 가치를 부여할 필요가 없다는 생각이 든다. 사실 근래에는 정말 그런 생각이 든다. 그래서인지 산다는 것에 대한 자신의 느낌을 기록해 본 것을 이 시점에서 정리해 한 번 공표해 본다는 것도 괜찮겠다는 생각이 든 것이다.

산다는 것은 허무에 대한 일종의 끝없는 도전이다. 이러한 하나의 확고한 신념 같은 것을 이 기회에 가져봤으면 좋겠다. 그리고 그런 차원에서 자신의 삶이 하나하나 정리되고 실현되어졌으면 좋겠다.

삶

콘크리트 계단을 몇 개 내려와
그대 앞에 앉아 본다.

수면은 평탄하고
밑은 한눈에 훤히 내려다보인다.

수심은 얼마나 될까?
손을 넣어보면
예상보다 훨씬 깊이가 깊다.

그대의 깊이는 자의 눈금으로나
재어질 수 있는 것.

잣대의 눈금은 한금 한금
그대 속에 가라앉고
그대의 수면은 잣대의 목까지 차오르고.

첫 눈

눈이 내린다.

사강 장터길을
언제나 가장 무겁고 조심스럽게
밟고 간 사람은 어머니였다.

눈물에도 술에도 지워지지 않던
그것들이 오늘밤 까맣게
이쪽으로 쏟아져내려
눈송이에 하나 둘 덮이어 간다.

눈이 그치면 찾아가 봐야지
그것들이 쏟아지는 소리 속으로
사라져간 발자국을 따라가 봐야지

끝은 어딜까?

오늘처럼 눈이 내리는 밤에
사강 장터길로 되돌아가서
옛처럼 무겁고 조심스럽게
어머니의 그것들을 따라가 봐야지.

상경

어머니가 아버지를 뵈러 올라오셨다.

두 분은 중학생 나를 데리고
담장 밑을 지나가셨다.

흰 담장은 꽤 높았다.

그것을 휘감고 피어오른 꽃이
입술처럼 붉어보였다.

오늘은 내가 그분들을 모시고
그 담장 밑을 지나가고 있다.

회색 담장은 유난히 낮게 보인다.

그 밑을 지나는 그분들의 키도
인형만큼이나 작게 보인다.

삼십 년 전 담장 밑을 지나며
하셨던 말까지도

이제 그분들은 까맣게
잊으신 모양이다.

그러나 담장의 꽃들은
오늘도 무성히 피어나 있다.

시절

아버지 나 어머니 그리고 순경
이렇게 한 줄로
우리는 달밤 산골로 들어갔었다.

우리가 간 곳은 양귀비 꽃밭이었다.

훗날 어머니가 들려준 얘기이지만
어머니가 아버지를 모시고
달밤에 그 꽃씨를 뿌렸다 한다.

꽃밭을 등지고
순경이 어머니를 심문하고 있을 때
아버지는 양귀비 꽃밭을 바라보고 있었다.

삼십 년이 지난 어린 날의 일이지만
나이가 들어갈수록
그 진홍빛 꽃잎들이
더 선명해 오는 것은
무슨 탓일까.

시절이 어지러워
양귀비를 드셨다던
그 아비의 아들인 탓일까.

솔밭길을 걸으며

오늘도 나는 솔밭길을 걷는다.

이곳을 오기 전
매주 토요일 아침
정구공 소리가 들려오는
숙사 뒤 솔밭길을 줄곧 걸어왔었다.

저마다 고독한 나무들
그러나 그 가지들이 만드는
공간만은 넓고 평온했었다.

S자로 그 공간을 가르는 오솔길
나는 그 길을 걸으며
얼마나 많은 사람들을 생각했던가.

오늘도 나는 그 솔밭길을 걷는다.

저마다의 고립된 사람들이
저마다의 마음으로 만드는
커다란 공간을
조용하게 따스하게 걸어가 본다.

들국화

아내를 데리고 낙태수술을 떠났다.

들길을 지나다 아내가 주저앉았다.
바짓가랑이를 움켜잡고서
떨고 있는 아내를 달래어 일으켰을 때
들국화 몇 송이가 웃고 있었다.

돌아오는 길에
들국화 한 송이를 따 주었다.
향기를 맡을 것을 권유해 봤다.
아내는 소리가 안 들리는 모양이다.

집으로 돌아와
아내의 등 뒤에 서서
들국화 향기를
맡아보았다.

그날밤도 아내의 등 뒤에 누워
그 향기를 몇 번이고 맡아 보았다.

맡으면 맡을수록
더 달콤히 느껴지는 향기.
더 가볍게 느껴지는 삶.

역시 내 삶보다 네 향기가 더 짙구나.

남산탑

귀가 때에나
황혼 진 하늘에
남산탑이 선다.

탑은 남들이 좀처럼 오르지 못하는
산정에 서서
스스로 자신의 몸을 태우고
귀가하는 이들의 길을 밝힌다.

사람들은 탑을 오를 때
발밑 세상을 보지 않는다.

그러나 일단 탑 끝에 서면
바라다볼 곳은 발 밑 세상 뿐이다.

그때까지 쏟아온 온갖 열의와 고통은
이제 보이지 않는다.
천만의 삶들도 백지 한 장에 압축되어진다.
그 위에 그려진
큰 점이나 작은 점

굵은 선이나 가는 선
그것들도 이제는 황혼에
까맣게 타들어간다.

그러나 탑만은
황혼에 스스로 자신의 몸을 태우고
귀가하는 사람들의 길을 밝힌다.

고층빌딩

너는 남을 욕하지 않는구나.
너는 남에게 기대지도 않는구나.
오직 사람들의 시선을
창공으로 지심으로
따돌리고 있구나.

창공은 외롭지만 맑다.
지심은 어둡지만 평온하다.

하나하나 수직선을
오르내리다 보면
외로운 하늘도 벗어나는 법이다.
어두운 지심도 벗어나는 법이다.

고층건물들이 만드는 직선들을
하나하나 헤치고 지나다 보면
굽었던 허리가 펴지고
뼛속 상흔들이
무수히 솟아오른다.
가슴속 멍들도 무수히 터져 내린다.

방황

집에 들면 밖에서 부르는 소리.
나오면 안에서 부르는 소리.

바람따라 언덕을 올라가본다.
아기 얼굴을 내려다본다.

비따라 거리로 내려가본다.
그분 모습을 바라다본다.

이제는 바람도 비도 멎었다.
세상은 오직 황혼에 불타
더 이상 만날 사람도 갈 곳도 없다.

그래도 집에 들면 밖에서 부르는 소리.
나오면 안에서 부르는 소리.

창

연못가 가로수 그 사이로
멀찍이 비치는 희미한 창문

밤이 깊어야
돌아오는 사람을
언제나 그 속에서 기다리던 사람

그러나 오늘밤은 불이 꺼졌다.

튤립 꽃잎처럼
귀로에 여기저기 피어난 창들이
오늘밤은 왠지
별들만큼이나 멀리 보인다.

한강

강변은 밟혀도 말 못하는
그런 사람들이 살아가는 곳이다.
그래서인지 강물은 항상 안으로만 흐른다.
그곳 사람들의 설움도 가슴 안으로만 흐른다.

출퇴근 때마다 강을 건넌다.
그때마다 강물은 발밑 저 아래서
소리 없이 나지막이 흘러가고 있다.

한때는 그 위에서
미문화원 농성사건 기사를 읽었다.
일본을 앞지르고 중국을 뒤쫓는
금메달 수를 읽었다.

그때마다 한강 허리라도
불쑥 일어나 주었으면 했다.
강변 거북선이
불이라도 훌훌 뿜어주었으면 했다.

지난해 이곳에서 꽃잎으로 사라진

한 여대생의 넋을 기리며
미문화원 주위를 아무리 서성대봐도
강변 자갈밭을 걸어보아도
강물은 언제나 발밑 저 아래서
말없이 안으로만 흘러가고 있다.

꽃

고난 속에서도
평생 어머니는 꽃을 키워오셨다.

말년 그분은 점점 작아지셨고
꽃은 더 붉고 크게 피어올랐다.

간 봄 꽃은 어머니를 뒤덮고
무성히 피어나더니
다시는 그분 모습을
보여주지 않았다.

저녁 산책처럼

하루 그런대로 최선을 다해본
그런 것들을 고스란히 남기고
한두 사람 알게 모르게
살며시 방을 빠져나오면
거리는 벌써 하루살이 감도는
황토빛 공간.

박꽃 여기저기 일어서고
아이들이 왁자지껄 모여드는 골목길을
성자처럼 조용히 빠져나오면
세상은 풍선처럼 환상으로 날아가고
마음은 새처럼 그림자로 날아간다.

그래도 혼자 나선 길이라
또 한둘 친구가 생겨
주머니에 이미 구겨 넣어버린
한평생을 다시 한 번 만지작거리며
또 다정히 이야기를 나누며 가다가 보면

어디선가 서서히 풀려오는 것들.
무언가 훈훈히 느껴오는 것들.

그림자

집 앞 콘크리트 광장에서
엄마가 찾아준 내 그림자

엄마의 그림자도
그때 처음 발견하였다.

그 후 우리들은 광장을 지날 때마다
그림자놀이를 했다.

목이 짧은 엄마 그림자
다리가 긴 아빠 그림자
똥그랑땡 내 그림자

부끄러워 볼 수 없던 엄마 그림자
거북해 볼 수 없던 아빠 그림자
역겨워 볼 수 없던 내 그림자
그러나 이제는 그것들이 없다.

대낮 광장 한복판에는
동그랗게 그림자 하나만이 떨어져 있다.

봄

그렇게 낮게 날아
다쳤지 않니.

그렇게 높게 날아
외로웠지 않니.

돌무덤가를
나팔거리다,
성벽 너머로
날아간 나비.

이렇게 나의 봄은
지나갔나.

말

밤에 집을 나왔다.

코트에 두 손을 깊숙이 넣고
그 길을 걸어보았다.

주홍빛 창 밑을 지나
잿빛 담장을 지나
전봇대 모퉁이를 돌아
마을 끝까지 나와 보았다.

뿌드득 뿌드득
눈이 밟히는 소리 사이로
그 사람의 그 말을 되씹어보며
세상 끝까지 나와 보았다.

나오면 나올수록
점점 밝아오는 달빛
나오면 나올수록
점점 어두워오는 세상

밤산책

모처럼 아내와 밤산책을 나왔다.

주홍빛 전등 아래 아내를 두고
검은 호숫가로 혼자 나왔다.

밤하늘에 구름은 없다.
그래도 별들은 보이지 않는다.

까맣게 타버린 옛날을 헤치어
그 묻혀진 세상을 찾아 보았다.

하나 둘 별들이 깜박여 왔다.

그러나 칠성은 찾을 수가 없다.

하나 살 의미도 없는
이 세상에
머리를 박고 기어오다가
오늘밤 모처럼 머리를 들고
별나라를 걸어가본다.

그래도 칠성은 찾을 수 없다.
그래도 오늘밤은 바로 선 기분이다.

목련 계절

지난주 그놈이 떠나가
속이 시원하더니
오늘 아침에도 또 한 놈이 떠나
문전에서 가볍게 배웅을 끝냈다.

사람들이 오고 가는 그런 때라서인지
오늘은 좀 맘이 이상해
건물들 사이를 걸어 보았다.
호숫가 콘크리트 계단에도 앉아 보았다.

끝내는 목련이 진
정원의 차돌 속까지도
한 번 다시 들여다보았다.

그러나 오늘은 나도 왠지 사람인 것 같아
이별도 만남도 미움도 없는
모두가 정지된
또 하나의 그런 세계를 향해
길을 따라 나와서
건물로 들어와
단정히 자리에 앉았다.

오월

잔디에 누웠다.
땅에서 불길이 올라
몸을 태웠다.

그저께 아래층과 다투었던 일
어젯밤 남에게 친구를 헐뜯었던 일
모든 것을 다 태웠다.

연구실을 나와
아내와 함께 밖에 나와 있다는 것에 대한
불안까지도
태워 버린다.

우에노 광장

은사를 배웅하고
다시 우에노로 돌아와
광장 앞 지하다방에 들어와 앉았다.

이곳에 오기 전
갈 곳이 없었다.

아침 공원은 노인들로
붐비었었다.
광장도 인파와 열기로
가득 찼었다.

만날 사람도 약속할 사람도 없는
역전 광장
세상은 어딜 가나 평면이었다.

그러나 이렇게 한동안 벽들에 싸여
앉아 있으면
속정도 한때인지 걷혀 버리고
대리석 한기에 기력이 들어

다시 광장에 나서 볼 맘이 생긴다.

세상도 멀찍이 내다보인다.
선들도 한결 곧게 보인다.

*우에노 광장: 도쿄의 우에노 역(上野駅) 광장. 기차, 전철역으로 이곳에서 보통 나리타 공항행 전철을 탄다.

대학을 떠나며

그대가 떠난 후에도
많은 눈이 내렸습니다.

삼학군* 다방에 앉아
흩날리는 눈송이들을 바라보면서
긴 시간 그대를 생각해 보았습니다.

그대가 떠난 월요일 아침
책상에 두고 간 그대 전언을
도서관 창가에서 읽어 보았습니다.

그대가 다니던 텅 빈 건물들 사이를
그 후 몇 번이고 서성대 보았습니다.

석탑이 바라다보이는
광장 계단에 앉아
하늘이 둥근 이유를 생각해 보았습니다.

오늘은 그런 것들이
그대 지나던 길에

눈송이들로 유난히 흩날립니다.

다시 이 창가에 앉아
흩날리는 눈을 바라볼 수 있다면

그때 그대 다시 찾아올 것을 기대하여
유리벽 너머에서 서성대는 그대를
어쩔 수 없이 외면해 봅니다.

*삼학군(三學群) : 일본 쓰꾸바 대학의 한 건물 이름

라일락

오늘 아침
서양인 주택가를 지나서 왔다.

흰 집 앞에는
라일락 꽃나무가 있었다.

우리가 용두동으로 이사했을 때
담장에는 라일락 꽃나무가 있었다.

향기가 참 좋구나!

어머니 말씀을 듣고
우리는 한 번 향기를 맡아 보았다.

오늘밤도 깊숙이 침대에 빠져
라일락 향기를 맡아본다.

차가운 대리석 벽을 등지고
초연히 지상에 서 있는 꽃나무

아, 이 밤만 깊숙이 나를 재워다오.

그림

오늘밤 잠이 오질 않아
하버드 스퀘어*로 술을 찾아 나섰다.

늦은 밤이라 마실 곳이 없었다.
방으로 돌아와 그림을 그렸다.
바람소리를 그려 보았다.
태어날 아기 그림자를 그려 보았다.

세상은 나에게 언제나 평면이다.
그래서인지 오늘밤도 나는
백지 위에서나 놀 수밖에 없다.

그림이 사진보다 더 진실하구나.

이런 생각들도 그려 보다가
쓸데없는 짓을 하는구나 싶어
그림 위에서 잠을 청했다.

*하버드 스퀘어: 미국 하버드 대학 교정 밖 대학로

타락

오늘밤도 풋사과 몇 개가
떨어진 것을 보았다.

이제는
나뭇가지를 흔들던 바람도
정원을 빠져나갔다.

이곳에 온 이래
나는 몇 번이고
떨어진 그것들을 목격해왔다.
그때마다 술을 마셨다.
밤새 사람들과 이야기를 했다.
그러나 오늘밤은 나 혼자다.

언젠가 떨어져야 할 것이
오늘밤 떨어진 것에 지나지 않다.

이런 생각이
자신의 또 하나의 타락이었음을
깨달을 날에도

저녁바람은
오늘처럼 가지들을 흔들 것인가?

아내

그 사람은 보다 큰 것을 얻으려고
보다 많은 것을 잃는다.

화장품이 있으면 화장품을 낸다.
반지가 있으면 반지를 뺀다.
목걸이가 있으면 목걸이를 푼다.
마음이 있으면 마음을 판다.

앞으로 우리에게 돌아올 것이
저녁달보다도 아침해보다도
더 클 것이라 그 사람은 믿는다.

화장보다 더 향기롭고
반지보다 더 영원하고
목걸이보다 더 빛나고
마음보다 더 소중한 것이라
그 사람은 믿는다.

갈수록 잃는 것은 더 많아지고
바라는 것은 더 커진다.

모빌버스* 안에서

휘파람 노랫소리에 잠이 깨었다.

클레몬, 야에코, 피-터, 중국계 말레시안, ……
늘어져 다들 자고 있었다.
운전은 흑인 브루스였다.

버스 안 가솔린 냄새처럼
노을이 가라앉는 고속도로를
버스는 고독하게 달리고 있었다.

유년시절에 해지는 들판에서
나는 가끔 고독을 만났다.

백악관을 보고 돌아오는 오늘밤
고독한 브루스의 휘파람소리에
혼자 이렇게 깨어난 이유는?

산들의 윤곽이 슬픔처럼 일어서고
동료들 얼굴이 어둠에 완전히 묻힐 때까지

줄곧 그 이유를 생각해 보았다.

가솔린 냄새를 맡으며
휘파람 소리를 들으며.

*모빌버스(mobile bus): 장거리 단체여행용 중형버스

가을날

검푸른 하늘이다.

거울을 등지고
삼층 창 앞에 앉아 본다.

물에나 떠도는
한 두 잎 단풍에
무상으로나
던져질 몸뚱이

영겁 하늘로 무수히 날아가는
그 이름들의 음영을 깔고
오늘은 누구와 성교를 해도 좋을 날이다
안 해도 좋을 날이다.

속죄

나이 사십에 그분을 울린
그 심정을 또 읽으신 그분

무수히 이쪽으로 쏟아져 내리는
흙자갈에 덮여
까맣게 타간 그 눈동자 너머에서
몇 영겁을 서성대야 하는가.

돌이나 되어라.
바람이나 되어라.
그분 발 아래 꽃나무나 되어라.

생명

침대 밑 허공으로
수운처럼 빠져나와
첫눈송이로나 날아나 볼까?

살아야 하는가?
무엇이 문제인가?
생각을 생각하는
생각이 문제인가?

들어가 봐도
밑은 칠흑 찬바람.

밖에 나와 보아도
앞은 황량한 바다.

허깨비나 되어
아침산에 올라
사지라도 뻗어나볼까?

현기증.

돌벽.
이끼 바위 냄새.

시원하다.
얼굴이다.
손이다.

원래 생명은
붉고 둥근 것인가?

불가사리

아기의 손도 아닌데
자꾸 안으로 오므라든다.

달콤히 침묵에 싸여
조금 어깨를 풀어 놓으면
몸은 곧 바다로 펴져 버린다.

천년을 염수에 쓸려오다가
이제는 나도 모르게 암에 걸렸다.

암은 돌뿔로 자라나
나를 지키는 독침이 되었다.

안은 쓸모없이 부드럽다.

세상을 찔러온
독침 얼굴만을 질책해 오다
한평생 우울 속에 살아오고 말았다.

어깨를 펴라는 여기저기 귀띔에

귀를 기울여보다
이제는 목도 풀릴 대로 풀렸다.
말까지도 잃고 말았다.

그래도 무언가 안에서는
꿈틀대는 것들이 있다.
무언가 잡혀오는 것들이 있다.

사과를 먹으며

나무는 열매를 맺는다.
왜 맺는지
나는 아직 알지 못한다.

나무는 희생물인가?
이런 생각들을 해와서인지
요즘은 사과를 먹으면서도
무언가 미안한 느낌이 든다.
그때마다 사과나무라도
되어 볼 것을 생각해본다.

결혼 전에는
어머니가 밤늦게
사과를 깎아오셨다.
이제는 아내가 자주 깎아오곤 한다.

사과를 먹으며
사과나무가 되지 못하는
자신을 질책해 본다.

양처럼 온순한 아내 앞에서
가시처럼 치솟는 낮일들을
그것이 씹히는 소리 속에서
하나씩 하나씩 마물려 본다.

나무가 열매를 맺는
이유를 끝없이 생각해본다.
그러나 목청에 사과즙만
달콤히 와 닿을 뿐
이유가 도무지 잡히지 않는다.

오늘밤도 그 이유를 물으며
수액처럼 나무 속을 오르내린다.

가로수

집 앞 도로변에
할아버지 친구 한 분이
앉아계신 것을 보았다.

그분은 할아버지 생시
자주 집에 놀러오셨다.

그러나 할아버지가 돌아가시자
그분은 가실 곳이 없으셨나보다.

그 해 가을이 가고 다시 봄이 왔을 때
그분도 더 이상 보이질 않았다.

십 수 년이 지난 지금도
나는 그분이 앉았던
그 가로수 밑을 지나곤 한다.

퇴근이 좀 빠르면 낙엽을 깔고
그곳에 앉아보기도 한다.
일요일 별로 갈 곳이 없으면

거리에 나와
타오르는 아지랑이를 바라다본다.

나는 가로수 새순처럼
그분이 다시 이곳으로
돌아오는 것을 바라지 않는다.

한때는 세상이 싫어
가로수에 한없이 기대앉아서
나무가 되기를 원한 적이 있다.

그러나 노변 들풀이나 나무처럼 살아가는 지금은
더 이상 이곳 지나기를 원치 않는다.

밤마다 나는 가로수를 벤다.

뿌리에 아직 침투하지 않은
지심 그 너머로
한없이 편안히 미끄러져 내린다.

지하철 공사

말하지 않은 것은
먼지와 소음 때문이었어요.

공사장을 벗어난 한참 후였다.

너무 오래 기다리게 하여
죄송합니다.

십 수 년이 지난 지금도
신설동 로터리를 지나다보면
여보세요! 여보세요!
누군가 뒤에서 부르고 있다.

뒤돌아보면
우뚝 선 지하철 입구뿐이다.

언제나 공사장 먼지와 소음 속에서
약속한 사람을 기다리던 그 사람

전철은 어느 역에 그 사람을

내려놓았나.

철기둥이 지심에 박히던
그 광경을 보며
그 사람은 무엇을 생각했을까?

아직도 기다리는 그 사람 앞을
오늘도 밤늦게 서성대보다
무수한 대화의 층계를 밟고
지하철 입구로 내려가 본다.

종로

종로에 나와도 별로 갈 곳이 없다.

거리에는 나 같은 사람들로 가득 차 있다.

고향친구라도 만났으면 좋겠다.
그러나 종로에는 고향친구가 없다.

새로 친구를 만들 수는 없다.
그들도 나처럼 옛 친구를 찾을 뿐이다.

다방에 들어가 몇 시간을 앉아 있어 보았다.

지하벽에는 흙도 나무도 없다.

이야기를 걸어오는 사람도 없다.

얼굴들은 온통 콘크리트벽들이다.

그러나 벽들은 곧고 조용하다.
나무처럼 바람에 울지도 않고

흙처럼 비에 씻기지도 않는다.

내일은 새 친구를 만들러
종로에 다시 나가야겠다.

콘크리트벽 앞에서
술잔을 사이에 놓고
한두 사람 불러야겠다.

술잔처럼 우리도 수직을 지키며
받거니 주거니 해가다 보면
다시 만날 일도
다시 볼 일도 없는
사람들임을 알게 될 것이다.

돌아갈 곳도 찾아갈 곳도
없어진 세상임을 알게 될 것이다.

세상

너를 받아들인다는 것은
나를 받아들인다는 것이다.

많은 날들을
너의 품속에서 지내오면서
너를 항상 저주해왔다.

땅이나 꺼져야
너로부터 탈출이 가능하다고
생각해본 이래
너의 품속에 안겨서
정말 나쁜 짓을 많이 해왔다.

너 몰래 몇 날은 들길을 걸어 보았다.
남들의 수많은 창 밑을 서성대봤다.
네가 몸을 애무해줄 때도
실은 별들 사이를 헤매었었다.

그러나 요즘은 너의 품속으로
몸이 삭아 내리는

소리들이 들린다.

가슴을 밟고 더욱 높이 소리쳐본다.
이제는 꽃도 별도 보이지 않는다.

속속들이 너의 가슴을 밟으며
방황해 본다.

그동안 너에게 그렇게 비정했던 까닭은
내일은 나도 너의 일부일 것을
알았다는 것인가?

지하도

1
마음이 착잡할 때면
가끔 시내에 나와
지하도를 걸어본다.

을지로 지하도가 개통되기 전에는
종로나 시청 앞 지하도를 걸어왔었다.

종로 지하도는 너무 짧았다.
시청 앞 지하도는 산만했었다.

그러나 시청이나 명동입구에서 시작되는
을지로 지하도는 짧지도 산만하지도 않다.
걸으면 걸을수록 정겨워진다.

벽화는 가끔 걸음을 멈추게 한다.

위에서 내려다보면
쓰러지는 한 송이 해바라기가
잠든 아기로 변신을 한다.

아래서 올려다보면
잠든 아기가
쓰러지는 한 송이 해바라기이다.

여섯을 낳은 화공의 부인은 지하도 공사에서
돌아오지 않는 남편을
한없이 기다리다가
또 생긴 아기를 낙태하려고
밤마다 식초를 한 잔씩 마셨다 한다.

화공이 돌아온 아침
부인은 아기를 낳았다.
아기에게는 혀가 없었다.

아기는 울지도 못했다.
엄마의 젖도 빨지 못했다.
화공이 지하도 공사로 다시 돌아가던 날
아기는 눈을 감았다.

선술집에서 이렇게 떠도는 이야기들까지도

벽화에 곱게 수놓아졌다.

2
혼자서 지하도를 걸어가다 보면
남들도 나처럼 저마다의 지하도를
걸어가고 있다.

지상은 그들에게도 쌀쌀한 모양이다.
햇살이 흙에서 엷어질 때마다
지상 벽들은 한 겹씩 더 두터워졌다.
그래서 이제는 벽들도 더 이상
두터워질 공간이 없다.

선은 벽으로 들어가고
벽은 더 큰 벽에 싸이어
이제 사람이 들어설 자리가 없다.

그래서 지하도는 지상의 사생아가 되었다.
지하도 공기가 지상보다 맑을 리 없다.
그래도 사람들은 사생아를 더 좋아한다.

서울 사람들은 지하도가 없으면
지상에서 살아갈 수 없다.

그 중앙청 지하도를 드나드는 사람들
중앙청 대리석 지하도만큼이나
그들 얼굴을 아름답게 가꾸며
살아가고 있다.

고향 사람들은 그들 지하도를
갖지 못했다. 그래서 그들은
그들의 신작로만큼이나
그들 얼굴을 가꾸지 못했다.

지금은 지하도를 이용해야
얼굴이 고와지는 세상이다.
그래서 사람들은 매일 지하도를 걸으며
저마다의 길을 아름답게 설계하고
그것을 더 깊게 파가고 있다.

3

지상에 나오면
그것도 허공으로 통한 것임을
깨닫게 된다.

눈에 업히어 한 장 백지와
별 차이가 없는 이 지상에
지하도는 열대악어처럼
창공에 입을 벌리고 자빠져 있다.

꼭 돌아갈 이유도 없는 곳으로
눈 속에서 피어나는 처자의 얼굴들을
밟아 보며 걸어가본다.

눈 속에서 세상을 바라다보며
그저 좋아하는 그들을
이제는 더 이상 미워할 이유가 없다.

창공과 설원 사이로
돌아올 사람을
기다리다가

어둠에 사라지는 선들을 따라
그들도 조만간 저마다의 지하도로
들어설 것이다.

사람들은 저마다의 지하도를 걷는다.
한때는 그것을 빠져나와서
눈 덮인 지상을 걸어가본다.

청계천

이곳은 수목을 피해서
모여든 사람들이 살아가는 곳이다.
그래서인지 이곳에는 수목이 없다.

아이 어른도 없다.
손해 이익도 없다.
고뇌 희열도 없다.
원한 관심도 없다.

오직 쇠붙이 사이에서
이것저것 다 잊어버리고
손발을 움직여보는 사람들뿐이다.

은빛 장식이나 녹슨 왕못들은
벼나 나무들과는 달리
실망이나 희망을 주지 않는다.

손끝에 쇳독이 푸르스름 박혀
손등이 아름답게 부어올라도
오손도손 정겹게 이야기를 나눈다.

전철 속에서

퇴근길 한산한 전철 속에서
열리는 문을 따라 슬쩍 사라지는
그 누군가의 뒤를 따라서
훌쩍 이곳을 떠나고 싶다.

정류장 그 누군가의 어깨를
어루만지고 하늘 어딘가로
훌쩍 사라지고 싶다.

하늘가 산등에서
한 번 차가운 나비춤을 추다
배회하는 망령을 따라가보다
익사한 시인 가슴에 박혀
세상 이야기를 들어보다가

또다시 열리는 문을 따라서
훌쩍 이곳을 떠나가본다.

그리움

비가 내리면 비 따라서
그 거리로 내려가본다.

바람이 불면 바람 따라서
그 창문을 두들겨본다.

아무리 세게 쏟아져 내려도
지심은 언제나 그리움에 불타고
아무리 세차게 휘몰아쳐도
지상은 끝내 외로움에 잠긴다.

한때 그리움 북받쳐올라
꽃 따라 구름 따라 하늘 되었다.
한때 외로움 터져나와서
빗물따라 강물따라 바다 되었다.

오늘도 지상에는
비가 내린다.
바람이 분다.

십일월

있었던 것들이 없어진 곳을
혼자 한 번 걸어가본다.

길은 온갖 건물에 싸여
폭이 점점 좁아져 간다.

첫서리에 못다 진 집들을
인사도 없이 빠져나간 인부들

납덩이라도 쏟아져 내릴 것 같은
십일월 골목길을 빠져 나가면
메마른 들풀들이 빛으로 날아가는
눈부신 강둑이 바라보인다.

기다림

몇 날을 기다리다
결국 난 나무가 됐다.

이제 나의 세상은 온갖 너의 발자국소리들로 가득 차 있다.
밭 밑 제비꽃 흔들림 끝에도
너의 발자국소리가 맺혀 빛난다.

왕바위 돌아가는 햇살 끝에도
너의 그것이 맺혀 빛난다.

기다림은 너의 돌아오는 발자국소리로
꽃을 피우고
너의 떠나간 발자국소리로
돌을 굳힌다.

이제는 너보다 기다림이 좋아졌다.

길

가는 길이
온 길임을 알고
길을 썩뚝 잘라버렸다.

순간
몸이 사방 밧줄로 묶이어졌다.

자식
부모
아내
형제

밧줄 하나를 끊어 보았다.
문이 하나 열렸다.
나머지 셋 다 끊어 보았다.
사방이 열렸다.

순간
무수한 끈들로 몸이 묶였다.

하나하나 그것들을 끊어가면서
세상 모든 것들을 생각해봤다.

마지막 하나가 끊기어졌다.
몸이 떴다.
발 밑 세상이 환상으로 떠올랐다.

구슬치기

가끔 거리에서
옛 구슬치기 친구들을 만난다.

구슬 한 개를 놓고
종 칠 때까지 아웅거렸다.

지금은 그 일이 우습기만 하다.

한때는 나도 주머니 수북이
구슬을 따보았다.
지금은 다 없어져 버렸다.
이제는 있어도 아무런 쓸모가 없다.

앞으로 다시 삼십년이 지나면
나는 여기서 또 어떤 구슬치기 친구들을
만날 것인가?

주머니 수북이 잡히는 구슬들을
하나하나 거리에 내던져본다.
저마다 어디론가 흩어지는 것들을
잠시 한 번 내려다본다.

이별

저녁산책을 나갔다.
그러나 오늘은 왠지 피곤해
방으로 돌아와
일찍 잠을 청했다.

밤바람이 몹시 창을 때린다.

산책길 호수에는
백조가 세 마리 남아 있었다.

오늘밤도 그들은
나와는 무관히
어둡고 차가운 그 세상을
그들끼리 한없이 맴돌고 있었다.

돌아오는 길에서도
머리 위를 날아가는
백조 한 쌍을 볼 수 있었다.

바람은 몹시 창을 때리고

한 마리 백조는 어둡고 차가운 그 세상을
가물가물 가물가물 맴돌고 있다.

시대

고희가 지나시자
그분 마음은 약해지셨다.

젊어서 그분은 어머니에게
몹쓸 일을 많이 하셨다.

그래도 우리는 그분의 음영에서
싱싱하게 무성하게 자라 올랐다.

그래서 우리들은 또 하나의 커다란
음영을 만들어냈다.

만년 그분은 그 음영에서 약해지셨고
이제는 우리도 그분의 음영에서 약해져 간다.

생활

방 구석구석은
각종 우상들로 가득 차 있다.

생활이 어려웠을 때
하나 둘 주워 모았다.

한때 그것들은
내 신앙의 대상이었다.
마리아는 희망을 가져다 주었다.
베토벤은 신념을 주었다.
링컨은 용기를 주었다.

그러나 생활이 좀 용이해지자,
그것들은 우상들에 지나지 않다.

때로는 그것들이
가련해 보인다.
불안해 보인다.
초라해 보인다.

생활이 용이하면 용이할수록
더 명확해지는 우상들.
더 짙어져 오는 우상의 음영들.

나비

나비가 나지막이 뜰 안을 난다.

채전을 지나
장독을 돌아
창가에 다가와 팔랑거린다.

말년에
거동이 좀 가벼워
집안을 조용히 드나드시다,
지난 초여름
담장미 너머로 사라지신 분.

목련 떨어지고
개나리 지고 나면
외로워 담장 밑을 서성대오다,
담장미 피어
뜰 안 밝으면
수줍어 그곳을 떠나셨던 분.

그러나 세월은 팔랑팔랑 춤추며 날아
올봄은 나비가 뜰 안을 난다.

삼월 하늘

무엇이 저리도 가르고 가나?
무덤처럼 둥근 텅 빈 하늘을.

동산에 올라 바라다보면
얼어붙은 가슴도 갈리어진다.

한겨울 안으로만
가라앉은 소음들이
갈린 틈으로 터져 나온다.

그동안 이륙의 폭음에
묻혀져 왔던
그 목소리 그 숨결들.

그러나 이렇게 너를 향해
바로 누우면
떠나는 사람도 되돌아온다.
가슴속 상흔도
구름조각으로 흐트러진다.

남양만

1
기우는 해를 따라
달리다 보면
조만간 남양만 해변가에 이르게 된다.

해변은 가파르지 않다.
평지나 야산에 무수히 조약돌이 밀려
자연스럽게 기울어져 있다.

돌밭 아래는 갯벌이다.
다음은 금모래이다.
바닷물은 언제나 그 위에서
눈부시게 빛난다.

그러나 만조 때면
물은 모랫벌을 넘어
갯벌을 적시고
야산자락까지 차오른다.

해변은 제왕의 무덤쭉지처럼

석양을 끼고 굽어져 있다.
수평선은 그 양 쭉지 끝에 둥실 놓여져 있다.
해변 이쪽에는
조개껍질 같은 인가들이
여기저기 흩어져 있다.

2
우리가 해변가에 이르렀을 때
해는 이미 기울대로 기울어
바다는 한 장의 커다란 은박지로 빛났다.

20년 전 이곳에서
정오의 바다를 본 적이 있다.
그때도 바닷물은 금모래 너머로
후퇴해 있었다.

당시 바닷물은
봄안개로 싸여 있었고
갯벌은 죽은 고래처럼 검었다.

석양이 수평선에 다가섬에 따라
바닷물과 갯벌은
은박지 금박지로 꿈틀거려 왔다.

수평선 너머에서
그것이 깃을 틀 때는
바다는 이미 금빛으로 불타
불길이 하늘로 솟아올랐고
갯벌은 그 불길에 녹아
쇳물로 서서히 흘러들었다.
그러나 끝내는 그것도 석양 속으로 흘러나갔다.

불기둥 강을 따라 상아카누를 타고
은박지 금박지 꽃가마를 타고
땡그랑 땡그랑 아이들이 뿌리는
종소리를 밟고
구름기둥 강을 따라 쪽배를 타고
석양 속으로 흘러나갔다.

3

장렬이 끊기자
바닷물은 금모래를 적시며
다시 이쪽으로 밀려들었다.

그때야 사람들이 갯벌에서 뭍으로
망둥이들처럼 튀어나왔다.

지난날 강 따라
바다로 흘러들어와
그동안 조개처럼 갯벌에
박혀 있던 슬픔들도
참게들처럼 풀려나왔다.

아홉 살 봄이었었다.
아저씨가 바다에서 돌아오지 않았다.
사람들은 그분을 찾아 나섰다.
그분은 끝내 돌아오지 않았다.

할멈은 아들이 돌아올까

물때마다 바닷가로 나갔다.
바다가 빙그레
갯벌을 드러내 보일 때까지
그녀는 돌밭에서 쪼그리고 앉아 있었다.

당시 나는 집으로 돌아오는 그녀를
가끔 보았다.
그때마다 나는 그녀를 피해
혼자 바닷가로 나가곤 했다.
그러던 어느 날 황혼 속에서
나는 실성한 마을처녀에게 붙잡혔다.

일 년 후 우리는 그곳을 떴다.
그 후 그녀는 물때 해변에서 몸을 던졌다 한다.

4
우리는 어느새 어둠에 싸여 있었다.
바다 하늘 육지가 구분되지 않았다.
오직 아내와 두 아이들의 얼굴들이
어둠 속에서 피어나 있었다.

이제 할 일은
그들과의 안전한 귀가뿐이다.
밤바다 바람에 아이들이 추워한다.
아내가 감기 걱정을 한다.

남양만을 등지고 동쪽으로 달렸다.
자동차 불빛이 생각보다 훨씬 멀리 비춘다.
빛은 어둠을 뚫고 발둑과 잡목
참솔의 연분홍 살결까지도
훤히 들추어냈다.
빛은 핸들의 움직임에 따라
어김없이 길을 드러내 주었다.

길과 차는 누가 만든 것일까?

너는 이용 방법만 알고 있지 않느냐?
너는 지금 무엇을 만들고 있느냐?

피곤하냐고 아내가 묻는다.
아이들은 잠들어 있다.

차는 어둠을 뚫고
한동안 동으로 달려
이제 도시에 접어들었다.

집이다.
불을 켰다.

철로

자갈밭 기찻길
침목에 앉아
달공 자갈을 주물거리다,
무심히 손끝으로
문질러본 철로.

꺼멓게 묻어난 쇳가루 속에서
실뱀처럼 나타난
어머니 은비녀
반가워 살며시 볼을 대보면
철면에 묻은 지루한 숨결들.

등을 지고 돌아누운
그 사람의 머리채를 만지작대다,
만남도 끝도 없는
그러한 길을 따라가보다
철로에서 발견한 어머니 은비녀.

상흔

몸 한 곳에 상흔이 있어
밝으면 그곳에 음영이 인다.

종일 상흔 밑 음영을 닦아내본다.
닦을수록 더 커올라온다.

대낮 콘크리트 광장의
검붉은 음영으로 커올라온다.

그래도 밝으면 나가서 닦아내본다.
음영은 끝내 온 세상을 덮어버린다.

이제는 상흔도 보이지 않는다.
어둠 속을 더듬어본다.
발자국이 잡힌다.
그것들을 따라가 본다.

물건이 잡힌다.
몸이 잡힌다.
몇 번이고 어루만져 본다.

그릇 얼굴 길들의 윤곽이 드러나 보인다.
발자국까지도 드러나 보인다.

무덤

마을에서 올려다보면
무덤은 언제나 여자 성기다.

허벅지 양 쭉지 사이에
묘봉이 도톰히 돋아나 있다.

산마루에서 내려다봐도
무덤은 역시 여자 성기다.

허벅지 양 산줄기 사이
나지막이 반듯이 내려앉아 있다.

황혼이 지면
무덤 앞 오각 석물도
남자 성기로 빳빳이 서고
무덤 너머 주산도
황홀경에 빠진다.

좌청룡 우백호
허벅지 사이에서 태어나

허벅지 사이에서 놀다가
허벅지 사이로 되돌아간다.

출발

너를 위해서는
이곳을 먼저 떠나야겠구나.

어차피 있을 이별일 바에야
출발은 조용하고
좀 빠른 것이 좋겠다.

그동안 어둡고 차가운
긴 동굴을 빠져나오며
죄 없는 너에게
정말 몹쓸 일들을 많이 했구나.

이제 너를 위해서는
이곳을 먼저 떠나야겠구나.

길은 목련꽃 나뭇가지들처럼
새벽하늘로 뻗어 올라 있다.

밤비소리에 무성히도 자라오른
여분의 수많은 가지들을 자르며

이제 너를 위해서는
성스런 공간을 열어야겠구나.

우상의 음영에서

빛나는 것은 그만큼
음영도 짙다.

사람은 누구나 자신의 음영을
세상에 떨군다.

앞서가는 자여!
기억해주오.
지금은 한겨울이오.

민들레

그대가 누구인지
나는 모릅니다.

기다림에 산처럼 부풀어오른
그날 나의 가슴은
차마 그대에게 보일 수 없었던
퍼런 납덩이었습니다.

그 후 그것은
끝없이 솟구치는 밀려오는 그리움에 달구어져서
한줄기 뜨거운 납물로 떨어져내려
이제는 그대 가는 길가에
한 송이 민들레로 피었습니다.

가는 봄이 섭섭해 그대
흰 삿갓을 쓰고 방랑 삼천리 길을 나설 때
집을 나설 땐
그대 앞에 피어난 민들레에게
방긋 한 번만 웃어주세요.

그대가 누구인지
나는 모릅니다.

청계천

이곳은 수목을 피해서
모여든 사람들이 살아가는 곳이다.
그래서인지 이곳에는 수목이 없다.

아이 어른도 없다.
손해 이익도 없다.
고뇌 희열도 없다.
원한 관심도 없다.

오직 쇠붙이 사이에서
이것저것 다 잊어버리고
손발을 움직여보는 사람들뿐이다.

은빛 장식이나 녹슨 왕못들은
벼나 나무들과는 달리
실망이나 희망을 주지 않는다.

손끝에 쇳독이 푸르스름 박혀
손등이 아름답게 부어올라도
오손도손 정겹게 이야기를 나눈다.

정년

정년이 다가오면
자주 창에 이슬이 맺힌다.

출근 후, 아내는 그 이슬을 닦으며
그 사람의 길을 내려다본다.

길은 언덕을 올라
콘크리트 모서리를 넘어
철창 앞 가슴까지 차오른다.

그의 출근길에는
목련에 가려진 창 앞에서
그 사람을 내려다보는
얼굴이 밝힌다.

기다림

몇 날을 기다리다
결국 난 나무가 됐다.

이제 나의 세상은 온갖 너의 발자국소리들로 가득 차 있다.
발 밑 제비꽃 흔들림 끝에도
너의 발자국소리가 맺혀 빛난다.

왕바위 돌아가는 햇살 끝에도
너의 그것이 맺혀 빛난다.

기다림은 너의 돌아오는 발자국소리로
꽃을 피우고
너의 떠나간 발자국소리로
돌을 굳힌다.

이제는 너보다 기다림이 좋아졌다.

인생

그대의 투명한 창 앞에 서면
언제나 눈앞에 성이 보인다.
그러나 이제는 그것을 외면해 볼 생각을 한다.

한동안 그대의 성 밑 길을 걸어오면서
나도 그만한 마음속의 성을 쌓았다.

오늘은 그 성 위에 올라
한 번 성 안을 내려다본다.

세상은 텅 비었다.

기우는 햇살만이
각종 음영들로 그것을 채워가고 있다.

성 밑 길을 걸어 나와 광장에 서면
성은 왠지 낮아 보인다.
세상도 그만큼 낯설어 보인다.

아버지

집 앞 골목길에서 신사 한 분과
밤새 실랑이를 벌였다.

아침, 길목 담장에서
빗목 하나를 발견하였다.

그것은 닳아빠졌다.
길은 하늘처럼 말끔하다.
공기는 대리석 한기처럼 시원하다.

온종일 계단을 오르내리며
길목 그것을 생각해본다.

대낮 땡볕에 그것은 하얗게 타가고
새벽녘 그것을 두고 간
그분의 음영은 까맣게 타오른다.

귀갓길에는 검은 양복 신사가
뒤따라오고
그를 닮은 무수한 사람들이

골목골목에서 쏟아져 나와
골목골목으로 사라져 간다.

길은 어둡고 사람들은 말들이 없다.

길을 쓸며
골목을 빠져나간
그 사람처럼
이제는 나도 그들에 싸여
길목에 놓인 그것을 든다.

꿈

레스토랑을 들어섰다.

안쪽으로 들어가다가
안이 좀 음침하고
주인도 보이질 않아
나오려고 돌아서니까
입구 카운터 위에 파란 돈뭉치가
서너 개 놓여 있었다.

안을 들여다보니까
저쪽에서 남자들이 일어나
이쪽으로 오고 있었다.
식사가 되느냐고 물었다.
된다고 해서 주문을 했다.
그들은 주문을 받고
주방으로 나가버렸다.

카운터 돈뭉치 위에 가방을 놓고
앞쪽 자리에 앉았다.
어떻게 할까.

일어나서 좀 서성대다가
주인이 돌아오질 않아
가방에다 그것을 넣고
나와 버렸다.

그들이 얼굴을 기억할지
좀 불안했다.
집으로 돌아오다가 아내를 만났다.
대뜸 아내는 요사이는 가짜 돈이 유행한다는
말을 꺼낸다.

산

정년으로 떠나신다는
그분을 생각해 보며
한 번 혼자 걸어가 본다.

보이는 것은
나지막이 내려앉은 산들이다.

불안했던 세상을
내다보면서
차분히
그것을 기다리던 분

요즘 떠나신다니까
그것이 한층 가까이 보인다.

한평생 그분이 걸어오신 길에
그동안 아침저녁 내린 이슬에
부질없는 것들이
씻겨진 탓일까?

혼자 가는 길에
보이는 산은
그분이 그려놓은 것인가 보다.

대학로를 지나며

대학로를 걸으면
언제나 미쳐볼 생각이 난다.

가로수가 있다.
기분이 좋다.
웃음이 난다.

미쳐 사는 것도
사는 것이다.

삶에 미친다.
인간에 미친다.

아름다운 웃음을
웃어본다.

지나가는 사람이 나를 보고 웃는다.
나도 그를 보고 다시 한 번 웃는다.

그리움

비가 내리면 비 따라서
그 거리로 내려가 본다.

바람이 불면 바람 따라서
그 창문을 두들겨 본다.

아무리 세게 쏟아져 내려도
지심은 언제나 그리움에 불타고
아무리 세차게 휘몰아쳐도
지상은 끝내 외로움에 잠긴다.

한 때 그리움 북받쳐올라
꽃 따라 구름 따라 하늘 되었다.
한 때 외로움 터져나와서
빗물 따라 강물 따라 바다 되었다.

오늘도 지상에는
비가 내린다.
바람이 분다.

제 2 부

이제는 여러 많은 것들과의 만남을 위해

서문

시를 발견하고

돌이켜 보건대 그동안 나는 비정상적인 생각이나 언동을 자주 해왔다. 그러한 것들의 결과는 결국 내 자신에게로 떨어졌다. 한 번 그러한 것들을 행하고 나면, 한동안 그 결과의 수렁 속에서 허덕여야 했다. 방황도 해야 했다.

그런데 지금 생각해 보면 그 현기증 나는 수렁들 속에서 번번이 나를 구출해 주었던 것은 다름 아닌 바로 시였고, 문학이었던 것 같다. 사실상 나는 최근까지만 해도 나에게서의 시작 행위나 문학 연구의 그러한 역할을 추호도 깨닫지 못했다. 그런데 바로 이것들이 나에게 문학이야말로 비정상적인 인간으로서의 나를 정상적인 인간으로서의 나로 끌어올리는 훌륭한 도구라는 사실을 깨닫게 해주었던 것이다.

비정상적인 인간이란 자신에게 주어진 구체적인 현실을 있는 그대로 그저 순수하게 완전히 받아들이지 못하는 인간을 말한다. 그러한 의미에서 나는 지극히 비정상적인 인간이다. 그동안 나는 시를 쓰면서, 문학을 연구하면서 인간들의 삶의 허구성과 진실성을 자주 접할 수 있었다. 허구성을 접할 때는 세상도 허구임을 깨닫고 그동안 받아들이지 못했던 나의 현실을 받아들이곤 했다. 그러는 과정에서 그것에 내재된 진실성을 접하게 됨으로써 결국은 비정상적인 인간에서 정상적인 인간으로 조금씩 성장해 나온 것이다.

숙고해보면 현재 우리의 삶의 형태는 우리의 인식이나 능력의 한계가 솔직히 인정됨으로써 성립된 것이다. 우리의 삶이 우리의 생각이나 능력이 다다를 수 없는 영역에서 나온 것인 만큼 우리의 삶과 세계는 허구로 인식되지 않을 수 없다. 다른 한편으로는 그것이 우리의 인식이나 능력이 미치지 못하는 우리의 어떤 세계처럼 영원하고 완전한 것으로 인식되지 않을 수 없는 것이다. 이렇게 우리의 삶과 세계는 서로 상반된 측면에서 인식될 수 있는 일면들을 가지고 있다. 사실상 문학이란 이러한 주관적이면서도 객관적인 양면성을 토대로 존재하는 것이 아닌가 한다.

어떻게 보면 인간이란 어떤 구체적 상황에 처해 있는 한, 지극히 비정상적일 수밖에 없다. 사실상 인간은 구체적 상황 속에서 존재할 수밖에 없다. 그래서 인간은 언제 어디서나 비정상적일 수밖에 없을지 모른다. 죽음 앞의 인간은 없는 신을 부를 수밖에 없고 만들어 낼 수밖에 없다. 그러나 나는 어떠한 상황 속에서도 정상적인 인간으로 살기를 희망한다. 시공에 무한히 열려 있는 그대로의 모습들을 바라볼 수 있는 한 정상적인 인간이 되기를 기원한다.

이러한 의미에서 이제 시는 나에게서 내 삶의 가장 유용한 도구이다. 시들이 그러한 계기를 만들어 주었다.

희망

언제나 찾아가도 너는 그곳에 있다.
대지에 차분히 내려앉아 있다.

가까이 다가서 보면
실바람에도 흔들리고
표정도 차다.

그러나 거리를 두고 바라다보면
너는 언제나 차분히 대지에 앉아
항상 하늘과 이야기를 나눈다.

아침나절에는
흰 옷으로 단장을 하고
해질녘에는
유난히 빛난다.

파도여 나무여

소리치는 파도여.
흔들리는 나무여.
그렇게 살 일이다.
그래야 몸도 썩지 않는다.
벌레도 먹지 않는다.
씻길 것은 씻기고
떨어질 것은 떨어지고.

내려앉은 모래들을 몸으로 쳐올려야
몸속 꿈들을 살릴 수 있다.
내려앉은 먼지를 가슴으로 쓸어내야
가슴 속 생각들도 살릴 수 있다.

파도여 나무여.
소리치며
흔들리며
살 일이다.

태양

그대는 나를 부르는
나무 그림자.

칠월 산길에
자장가를 부르는
은빛 소나무 그림자.

바라다보면
판판히 내려앉은
정밀한 것에.

아, 숨결도 깊이
한 자락 흔들리는
검은 요람이여.

비둘기 떼가

다시 만나자 약속을 하고
돌아설 때는
하늘은 언제나 미안한 창이다.

사랑은 하나.
왜 둘일 수 없나.

저 깊은 하늘에는 비둘기 떼가
회색 광장으로 쏟아져 내려
무수한 핵들로 퍼져 나간다.

보내야 할 이유를 찾아
몇 번이고 사람들 사이를 배회하다가
곱게 보내야 할 이유를 찾아
텅 빈 하늘까지 배회하다가
끝내는 노래를 부르며
어둠 속으로 사라지던 너.

그래도 저 깊은 마음에는
비둘기 떼가 드높이 날아

다시 만나자 약속을 하고
돌아설 때는
하늘은 언제나 미안한 창이다.

결정

더 깊이 들여다보면
그것에도 하나의 세계가 있다.

밟고 지나갈 수 없는
세계가 있다.

그것은 이름 없는 것들로 이루어져 있다.
아직 인식되지 않은 것들로 이루어져 있다.

그동안 나는 그것들을 밟고
여기까지 왔다.
지금도 그것들을 밟고
그것들을 생각한다.

고향

무지개 밭이다.
매미 한 마리가
앉아 있다.

엄마다.

가슴에서 터져 나온 소리가
이랑을 타고
이쪽으로 흘러내린다.
보리 고개도 없는데
이쪽으로 흘러내린다.

봄맞이

이제 일과가 끝나면
뒷산에 올라가
무덤을 파야지.

밤 열두시에서 한시 사이가
제일 좋겠다.

살짝 대문을 나가
괭이를 들고 밤나무골로
올라가야지.

지난 번 방황은 너무 준비가 없었다.

생각

불개미처럼
생각들이 바글거린다.
요즘은 그 때마다 머리통을 흔든다.

봄까지만 해도
아무리 치고 박아도
그것들은 좀처럼 떨어지지 않았다.

그러던 것들은 올 여름서부터는
갑자기 주룩 주룩 쏟아져 내린다.

그래서 요즈음은 사람들 앞에서도
자주 머리통을 흔든다.
그때마다 그것들이 뚝 뚝 떨어져 내린다.

그러니까 세상은 입체로 보인다.
사람들 마음속도 들여다보인다.

연구

내가 있는 세상은 냉랭한 모래 밑이다.
그래도 지상은
너절은 하지만
언제나 따뜻한 곳이다.
아이들도 놀고 아내도 있어
그런대로 얽혀서 지낼 만한 곳이다.

그러나 일단 모래 밑 세상으로
들어가게 되면
지상은 달무리에
지나지 않는다.
모래와 자갈을 파헤쳐가며
맥을 찾아나간다.

지상에서
모래라도 밟아 떨어뜨리면
피가 거꾸로 선다.
그래도 다시 고개를 박으면
맑아진 물에 얼굴이 비친다.
왜 그렇게 화를 내느냐?

속이 상한다.
아, 또 잘못했구나.
다시 고개를 들고
지상으로 나와 본다.

작업

여름에는 작업을 시작해야겠다.

시궁창 속에 몸을 담그고
살아오다 보니까
이제는 몸도 시궁창 독사가 됐다.

여름에는 시궁창 속을 파내야겠다.

원래는 속도 하늘이었다.
그러나 울화가 안으로 터져 내려와
쉿물 수돗물이 안으로 흘러 들어와
속속들이 썩고 녹아 내려서
이제는 입만 열어도 눈이 따갑다.

황토가 나올 때까지
모래가 나올 때까지
파내야겠다.
몸에서도 독을 빼내야지.
피도 빼내야지.
가을에는 백사가 돼야지.

말

전에는 동생들이 상처를 입더니
근래는 아이들과 아내가 상처를 입는다.
학생들도 가끔 상처를 입는다는
소리가 들린다.

그들이 상처를 입는 것은
아마 그것이 워낙 날카로운데다
솜씨가 서툰 탓일 것이다.

날카로운 것은 품고 있어야
기능이 제대로 발휘되는 세상이다.
끝이 살짝 보일 정도가 적당한 세상이다.
지금까지는 그것을 밤낮 갈아
아무데서나 휘둘러만 왔다.

이제는
휘두르는 법보다 품고 있는 법을
더 연구해야겠다.

추락

일을 하나 치르고 나면
항상 마음이 착잡하다.

그렇게 잘못한 것도 없는데
누구에게 상처를 입힌 것도 아닌데.

내려다보니까
사람들이 간다.
무슨 생각을 하는지 의식도 하지 않고
노래하며 웃으며
이야기를 나누며 간다.

생각을 말로 다 뱉어서는
안되는가 보다.
해서는 안 될 생각들이 있는가 보다.

완전히 삼켜야
영원히 묻어버려야
할 것들이 있는가 보다.
짚고 넘어가야 할 것을

짊어서는 안 될 것이 있는가 보다.

피해가며 덮어가며 돌아서가며
살아가야 할 때가 있는가 보다.

하나를 정해서 지킨다는 것이
별 의미는 없는 것이겠지만
그래도 그것은 정말 아름다운 것인가 보다.

북경의 겨울

오늘은 창가에서 하루 종일 놀았다.

일요일 아침이라 별로 할 것이
없기는 했지만
그래도 어쩌다 창밖을 본 것이 잘못이었다.

지난번까지만 해도
아직 잎들이 나뭇가지에 그대로 고스란히 남아 있었다.
그러나 어느 틈에 이상하리만치
완전히 그것들이 없어져 버렸다.

아, 엊그제 북풍이 휘몰아치던 날
가로수 밑에서 만났던 사람들.
버스와 자전거와 퇴근길 사람들이
흩날리는 낙엽에 뒤범벅이 되어
교통이 완전히 마비됐던 날 저녁
사라졌던 것일까?

나도 그날 친구를 만나러 가다
길을 완전히 잃어버렸다.

휘몰아치는 낙엽들 속에서
화사히 피어난
퇴근길 인민들의 얼굴들을
바라다보다
그것들을 한없이 바라다보다가
방향을 완전히 잃어버렸다.

그래도 아직 인부들만은 겨울 나무 가지 밑에
고스란히 남아
더 차가운 북풍을
기다리고 있다.

북풍

나는 이제까지 줄곧
북풍이 불어오는 쪽으로만
걸어오며 살았다.

지금도 나는 자전거를 타고
북풍을 안으며
숙사로 돌아간다.

고향을 떠나기 전에는
서해안 바닷가 염전을 핥고
가슴팍을 훑은 북풍을 맞으며
학교에서 집으로 돌아갔었다.

서울 하숙집에서도
북창을 두들기는
바람 소리를 들으며
항상 북풍을 향해 떠날 준비를 했다.

지금도 나는 북풍을 맞으며
고비사막을 향해
시베리아 벌판 향해 달리고 있다.

흙

두 손으로 퍼 올려도
흙은 가슴에서 음부로
쏟아져 내린다.

흙에는 남자와 여자가 있다.

바람이 스쳐간 흙에는
반드시 싹이 돋는다.

두 손으로 퍼 올려도
흙은 가슴에서 음부로
쏟아져 내린다.

세계

처음에는 감히 쳐다볼 생각도 못했었는데
그러나 요즘 와서는
한 번 바라볼 수 있겠다는
생각이 든다.

잠옷을 입은 모습이나 벌거벗은 모습까지도
바라볼 수 있겠다는 망상도 해 본다.

그동안 밤낮 나는 너를 연구해왔다.
나이를 계산해 보고
키와 가슴을 몇 번이고 어림재 보았다.

요즘은 내 손아귀에 넣어
주무르고 주물러서 너를 없애지 않는 한
결코 나는 죽을 수 없다는 생각마저 든다.

다가서면 다가설수록 더
커지는 너를
떨어지면 떨어질수록 더 커지는 너를
이제는 그냥 바라볼 수만은 없게 되었다.

말년

가면
항상 그곳이셨지.
가셔봤댔자
몇 미터 안팎이셨지.

한때는 나만큼이나
돌아다니셨다지.
그러나 말년은 항상 그곳이셨지.

아니면 이웃집 문 앞이셨지
그곳에서 먼 산을
바라보고 계셨지.

꽃밭

방학 때 가 본 초등학교 꽃밭
그때도 나는 혼자였었다.

처음에는 수줍고 눈이 부셨다.
그러나 돌아서면 무섭고 캄캄해 왔다.

그 후 그곳을 떠난 후에도
결혼 후에도
한 번도 나는 그것을 말하지 않았다.

지난 겨울 아내와 두 아이들을 데리고
그곳에 가봤을 때도
그것을 나는 말하지 않았다.

오늘 대학 교문 앞 꽃밭을 지나올 때도
나는 아무 말도 하지 않았다.

두꺼비

저녁 무렵 산책길에는
두꺼비가 앉아 있다.

쫓아가 뻥 한 번 구둣발로
걷어차야
좀 직성이 풀린다.

악어 살에 황소 눈깔에
메기 주둥이

수대를 걸쳐 자기만을 생각하면
저렇게 되나 보다.

쫓아가 다시 한 번 주둥이를
차서 넘어뜨려 본다.

논둑

갈수록 왜
고와 보이나.

층층이 내려앉은
마을 앞 논둑길들이.
평생 그 길만을 걸어 나온
그 얼굴 그 주름살들이.

아침 햇살을 타고 내려와
온종일 논둑 속에 파 묻혀 있다가
괭이로 갈퀴로 이랑을 내다가
저녁 햇살을 타고
다시 마을로 올라가는 분들.

길들이 층층이 내려앉은 까닭은
그분들의 짐들이 무거웠던 탓일까.

갈수록 그것들이
왜 더 고와 보이나.

재생

더 깊이 안으로 들어가야겠다.
끌로 흑막을 찢고
정으로 바위를 깨고.

지하수가 흘러도 좋다.
바다 밑이라도 이를 수만 있다면.

그곳도 안 되겠다.
해류가 있겠다.
더 깊이 안으로 들어가야겠다.
진흙을 파내고 금모래를 파내고
철기둥 밑 그 너머로 빠져 나가야겠다.

다시 세상에 나올 때에는
쉿물이라도 좋다.

황홀경을 지나
지심을 지나
저 세상으로 나와야겠다.

동반

하나의 커다란 장미꽃 속으로
내려앉는 것들이 있다.

저녁 바다를 건너는 기러기 떼이다.

날개가 부러져
떨어지니까
다른 것들도 떨어져 내리는 것일까?

기러기는 배우자가 없어지면
평생을 혼자 살아간다고 한다.
그 무리들 속에서

세상이 한 송이 꽃이라서인지
조용히도 곱게들
내려앉는구나.

끝

끝은 누가 만들지 않는다.
언제나 여기서 만든다.

나가서 평원을 바라다 보면
그 끝은 보이지 않는다.
그러나 여기서는 그것이 보인다.

여기에 있는 내 시력의
한계가 만든 것이다.

여기는 모든 것들의 끝들로
둘러싸여 있다.
나뭇가지 끝으로 벌판 끝으로 하늘 끝으로
그것들을 생각하는
생각들의 끝으로 둘러싸여 있다.

끝은 누가 만들지 않는다.
그것은 언제나 여기에 있는 내가 만드는 것이다.

황하

Ⅰ

여기는 황하강변입니다.
어제는 공자의 무덤을 찾았고
그제는 태산에 올랐습니다.

끝은 죽음이 아니었어요.
온갖 생명들로 충만된 장소였어요.

진정한 인간이 되어서 돌아오세요.
인간으로만 돌아오너라.

Ⅱ

태산을 오를 때에도 즐겁지 않았어요.
왜 오르는지만 생각했어요.

정상에 올라 자살을 해야겠다.
시체로나 세상에 돌아가야겠다.
오르면 멀리라도 보일 줄 알았더니

오늘은 세상도 안개에 가려 하늘까지도
보이지 않았어요.
그래도 앞만을 바라보며 올라봤어요.
친구가 생각났어요. 집 생각이 났어요.
그 때야 좀 기분이 났어요.

왜 좀 더 따뜻한 말을 해주지 못 했을까?이렇게 해보면 어떨까?
그러나 결정은 네가 해봐라.
돌아가서는 그와 그것을 읽어가야겠다.
내가 가는 곳은 왜 이리 항상 안개가 짙은가?

하늘로 열린 문이라서인지
어째서 사람들은
그 문전을 쉽사리 못 떠나는 것일까?

하늘은 좋은 일을 한 사람에게나 기회를 주고
그들에게나 문을 열어주나 보다.
좋은 일을 해야 좋은 사람을 만나나 보다.
어진 사람이나 어진 사람을 만나나 보다.

태산에 올라서야
내 모습을 제대로 발견했어요.
이제부터는 우러러 보던 것을 내려다보아라.
정말 이제는 그럴 때에요.

구름 바다에 아침 해가 돋으니
그 때야 황하가 제 모습을 드러냈어요.
공자는 태산에 올라
일출을 바라보며
나라 걱정을 했대요.
그런데 나는 뭐지요?

Ⅲ

흐린 아침이에요.
세상은 문을 통해서밖에나 볼 수 없는가 봐요.
문은 길로 나가야 찾을 수 있고
길은 문으로 들어가야 보이나 봐요.
여기에는 죽음이 없어요.
중심으로 향한 길은

죽음의 길이 아닌가 봐요.

문들을 들어가면 들어갈수록
하늘은 더욱 높아 보이고
세상도 더욱 넓게 보여요.

황토길을 걸어 대성전에 이르면
이제 남은 것은 성림길
그것을 지나다 무심히 바라다본
성현의 뜰은 꽃도 고와 보였어요.

갈 때는 짐승으로 들어갔지만
그 때는 짐승들도 길을 막았었지만
나올 때는 인간으로 나와 봤어요.
그 때는 그것들도 고객 숙였었지요.

Ⅳ

무엇을 그렇게 바라보느냐?
아, 역시 황토물이로구나.

그래도 붉어 너에게는 희망이 있구나.

이제야 내 모습을 발견했어요.
이제는 나가야겠어요.
목소리를 가다듬고
가볍고 투명하게 살아가야겠어요.

한 번 여기서 가슴을 열고 울어봤으면 해요.
긴 밤 꿈에는 당신이 보였고
곁에는 어머니도 계셨어요.
아버지와 말씀을 나누며
긴 검은 머리를 손수 자르셨어요.
그분은 왜 또 보이신 것일까?

따가운 햇살에나 깊숙이 묻혀
조용히 맑게나 살아보려고
밤마다 암만 몸부림쳐도
속에서 끝없이 황토가 일어
이제는 어쩌다 말끝 마디마디까지에도
속속들이 황사가 박혀 버렸습니다.

그래도 황하는 안으로는 참을 수 없이
소용돌이 치면서도
겉으로는 평온이
동으로 동으로 흐르고 있어요.
이제는 돌아가겠습니다.
조용히 살아가겠습니다.

속은 참을 수 없이 용솟음 쳐도
평온히 흐르는 황하를 바라보며
이제는 진중히 살아가겠습니다.

흐르는 물살에 깊숙이 묻혀
이제는 황하로 살아가겠습니다.

절망 속에서

눈에서 가슴으로 떨어진 것들이라야
땅에 떨어져 꽃을 피울 수 있다.

눈에서 가슴 속으로 흘러내린 것들이라야
햇살 속에 갇혀 파닥거리는

나를 나의 햇살감옥 속에서
구출해낼 수 있다.

칼날 위에 춤추는 소녀를 보라.
기타 줄에 목매단 청년을 보라.

고향 저녁노을 속으로 없어진 자들이여.
이제는 나를 햇살 밖으로 끌어내어주오.

슬픔

물이다. 파랗다. 희다.

저런 것들을 보면
나는 왜 슬퍼지는 것일까?

11월 논물 추파 속에서 나부끼는 생명들.

사람들은
왜 저것들을 보며 지나가는 것일까?

곧게 뻗친 논둑이
고와 보인다.

동굴

머리 위 바위에서 발 아래 바위로
물방울이 떨어진다.
하늘과 땅 사이의 공간을 통과하는
초단파 광선들이다.

이 공간은 인간이 상상해 만들어낸
온갖 것들로 이루어져 있다.

이제 그것들은 나의 골통과 홀몬샘을
관통해 나간다
피가 죽죽 흘러내린다.

그것은
한반도 지도를 그리더니, 차츰
동아시아, 유라시아.
지구, 우주를 그려간다.

머리속에서는 바위들이 쏟아져 내리고,
가슴 속에서는 창들이 날아온다.
구렁이가 머리위에서 넘실거린다.

독사가 발에 밟힌다.
차라리 몸을 주어버려야겠다.
생각도 버려야겠다.

죽기 전에 한 번 미쳐라도 보아야겠다.
바위가 깨져 나가고
구렁이 목이 떨어져 나가고
독사가 흰 가루가 되게
가슴 속에 꽉 찬 독이라도 한 번 뿜어내 보자.

동굴을 탈출할 때는
몸이라도 가벼워야지.
생각이라도 투명해야지.

이제는 여러 많은 것들과의 만남을 위해

태양이 기울자
흔적들이 일어선다.
바위들이 머리를 든다.
모퉁이가 얼굴을 내민다.

이제는 여러 많은 것들과의 만남을 위해
적극 나서야 할 때다.
검은 것들은 포기하고
더 검은 것들은 받아들이고.

다양한 만남들의 차이를 찾아서
이제는 저 모래 언덕을 넘어야 할 때다.
여러 많은 것들과의 만남을 위하여.

나의 옹달샘

눈을 감으면
언제나 그곳에는 옹달샘이 있다.
파란 옹달샘
그동안 무엇에 묻혀 있었나?

엄마가 없고 형들도 없으면
혼자 누워서 속으로 들어가
옹달샘 놀이를 했다.
그 때는 언제나 그곳에 비가 내렸다.

함박꽃 무늬 이불 위에서
꽃무늬 짝을 찾아 헤매다
행여 누가 왔을까
눈을 감아 보면
누군가 항상 꽃잎 속으로 숨어버린다.

다시 찾은 옹달샘.
그동안 어디에 숨어 있었나.
전보다 더 파래졌구나.

탑

비가 내리는 날에도
너는 언제나 그곳에 있다.

오직 지심만을 의지해
지상에 평온히 일어서 있다.

너를 보는 날이면
나는 언제나 창공을 향해 비상한다.
그 때마다 창공은 나를 따뜻하게 포옹해 준다.

바람 부는 날에도
너는 그렇게 서 있다.
그래서 네 밑 나무들은 춤추고
덩달아 내 맘도 춤출 수 있다.

오늘도 너를 따라 창공에 올라
세상을 한 번 내려다 본다.
나도 한 번 내려 본다.

잠수함

천 길 물속을
너는 언제나 혼자 다닌다.

암초에 부딪히면
몇 바퀴 뒹굴다
암초를 피해 다시 떠난다.

누가 보지도 않고
보이지도 않는
네가 가는 길.

말이나 생각이
다 필요없는 길이다.
움직이며 느끼며 지나가는 길이다.

개울물

이제 분수나 폭포수는
되지 말아야겠다.

시월 하늘로 잔잔히
흘러가는 것.

자갈밭을 지날 때도
조심해야겠다.
유난히 반짝이면
아이들 가슴에도 상처가 인다.

한 발짝 한 발짝 백골 조각들을
밟고 가다보면
하늘도 낮아지고
몸도 투명해지고
세상도 더 가벼워진다.

이제는 솟아오르거나
떨어져 내리지는 말아야겠다.

착각

남의 말을 들을 때나
글을 읽을 때
그것들이 틀렸다는 생각이 들 때가 있다.
그러나 이상하게도 내가 틀렸다는 생각은
한 번도 한 적이 없다.

그렇다면 나에게 떠오르는 생각은
다 옳은 것일까?
치미는 감정은 다 정당한 것일까?

그동안 못된 짓을 많이 해왔다.
성장과정에서도 문제가 많았다.
성격에도 문제가 있다.
이것들은 내 생각과 감정에 문제가 있다는
하나의 확실한 증거다.

앞으로는 주의해야겠다.
떠오르는 생각에
치미는 감정에
반드시 문제가 내재돼 있다.

귀가

아이들과 아내를 한국으로 떠나보내고
다시 시내로 들어와 볼 일을 끝냈다.

전날까지만 해도
그들과 허겁지겁 지나던 길들을
혼자 다시 한 번 걸어가봤다.
그들과 미처 들어가지 못했던
카페에도 한 번 들렀다.
정답게 지나가는 사람들을
한동안 창 너머로 바라다보았다.

여느 때처럼 귀가시간이 되어
카페를 나왔다.
그들이 집에 있을 리는 없지만
그래도 그 시간 그 길을 택했다.
불이 켜져 있을 리는 없지만
그래도 전처럼 창불을 찾아 보았다.

평시보다 더 늦은 것도 아닌데
왠지 발걸음은

다른 날보다 더 빨랐다.
전처럼 노크를 해보려다
결국은 하지 않았다.

미처 다 챙기지 못한
빠뜨려 놓고 간
아이들 장난감.

귀가해
이렇게 아무도 없으면
평상시 같으면
오래잖아 들려올 노크 소리를
기다리면서
언제나 나는 신문을 봤지.

그러나 오늘은
엄마와 함께
이층 상점가를 걸어오는
두 아이들이 보인다.
언제나처럼 작은 아이가 앞이고
큰 아이가 뒤다.

4월

앞도 내다보이지 않는다.
하늘도 올려다 보이지 않는다.

초겨울까지만 해도
아래로 쏟아져 내리거나
밑으로 빠져나가던 것들이
그동안 지상에 동결돼 있다가
이제들 풀려나
승천이라도 하는 것일까?

앞으로는 겨울이 좀 짧았으면
좋겠다.

그것들이 터져나간 자리에는
또 검은 빗줄기들이 쏟아져 내려
그것들이 스며든 자리에

슬픈 싹들이 터져 나온다.
이제는 그것들이 사로잡혀
앞도 내다보이지 않는다.

하늘도 올려다 보이지 않는다.
불행도 슬피 느껴지지 않는다.

결심

이곳에 있지만
사실은 그곳에 있어요.

복도나 길에서 사람들을 만나도
만나는 게 아니에요.
그곳에 있는
생각이 만나는 거에요.

지금도 그곳에 침대에 누워 있어요.
불은 끄고서.
벽을 치고 지나가는
바람 소리를 들으며.
조금 전은 책상에 앉아
글을 썼지요.

그곳에서 이 년간 더 있기로 했지요.
황사바람
미명호 연꽃
신작로 낙엽을 휩쓸고 가는
회오리바람

친구를 만나러
밖을 나간 사람들의 얼굴을 후려치는
따가운 북풍.

이런 것들을 거머쥐고
다시 한 번 그런 것들을
꿰뚫고 나와
내후년 정월에는
이곳으로 올 거에요.

이곳에 있지만
그곳에 있어요.

만남

근래에 와서는
사람과 만나면 상처만 입는다.
친한 사람은 친한대로
소원한 사람은 소원한대로.

그러나 나도 알고는 있다.
그 누구도 나에게 상처를 주려고는
하지 않는다는 것을.

그들은 그들대로 나처럼 사람을 만난다.
그러나 끝내는 그들도 나처럼
상처만을 입는 모양이다.
그래서 근래는 만나는 것이
헤어지는 것인가 보다.

그러나 그들도 나처럼 생각하고 있다는 것을
생각해보면
만나는 것이 그렇게 어려운 것만은
아닌 것 같다.

단념

모두 버려 버리자.
생각까지도
떠날 때 하나 하나 태울 것들까지
일찌감치 버려 버리자.

그러면 떠날 날도 없어지고
떠날 곳도 없어지고
미워할 사람도 없어지고.

낮에는 바람으로나
사람들 사이를 빠져나가
밤에는 백자 청자로나
식구들 사이에 놓이고.

마음

너는 항상 구름장으로
세상을 떠다닌다.

정오엔 백장미로
하늘 드높이 피어오르고
해질녘이면
세상으로 흐지부지 흐트러진다.
때로는 먹구름으로 엄습해오고.

움직일
방향도 목적도 잡히지 않는
이 분지 속에서
그래도 볼 만한 것은
너밖에 없다.
설혹 끝없이 변해가고
또 변해가도

그래도 너에게는 일정한 방향과
목적이 있다.

피었다 다시 지고
또 피었다 지며
삭막한 땅에는 꽃을 피우고
타오르는 가슴에는 비를 뿌리고.

결정

더 깊이 들여다보면
그것에도 하나의 세계가 있다.

밟고 지나갈 수 없는
세계가 있다.

그것은 이름없는 것들로 이루어져 있다.
아직 인식되지 않은 것들로 이루어져 있다.

그동안 나는 그것들을 밟고
여기까지 왔다.
지금도 그것들을 밟고
그것들을 생각한다.

초목

지상에 서 있는
풀들과 나무들은
사랑을 못 다하고 떠난 것들의
넋들인가 보다.

성 너머 산 너머
한 외진 곳서 살다가
한 뭉치 검붉은 소원만을 품고
묻힌 것들의 표현인가 보다.

그간 가슴 속에 맺힌 것이
너울대는 정에 쓸리고 닦여
차돌로 옥돌로 자라 올라와
풀들로 나물들로 솟았나 보다.

처음에는
다시는 나오지 않겠다고
까만 옷자락에 묻혀버렸었는데.
어쩌다
달밤에 한 번 살짝 나와 봤다가

그만 몹쓸 것을 보고 말았나 보다.

잎마다 가지마다
피어오른 정들.

하늘도 서러워 입 맞춰 주는구나.

현실

이제 남은 것은
모래와 돌, 나무와 건물.

나는 그동안 이것들 사이에서
얼마나 많은 부질없는 것들을
생각했던가?

근래 몇 년 간 줄줄이 이곳을 떠난 사람들
그분들도 얼마나 많이 상심했을까?

이제는 돌아가는 뒷모습에도
서리가 끼어
차가운 현실이 빤히들 나를 바라다본다.

나뭇가지 사이로나 모래알 사이로
발자국 소리처럼 빠져나갔으니까

또 그렇게 떠날 것이니까
이제는 땅이나 하늘이나 바라다보자.
이제 남은 것은

모래와 돌, 나무와 건물.

이것들 사이에서 날뛰는 환영들을
마음으로나 쓰다듬어주며
나뭇가지 사이나 바라다보자.
모래알 사이나 들여다보자.

가정

문 틈 바람이 책장을 펄렁인다.
창 밖 나뭇가지도 세차게 흔들린다.

조금 전 전화에서 들어 본
목소리

이제 여섯 살인데도
내가 없으니까 더 착해진
모양이다.

수은처럼 가슴에 흘러들어온
목소리를 생각하며
솔밭길을 지나올 때도
밤바다는 몹시 황량했었다.

이렇게 세차게 바람이 창을
때리던 날에는
언제나 밤바다를 찾던 시절

그러나 오늘밤은

창 밖 세상에나 덩실 떠 있는
사십 초반의 어설픈 모습만 바라다 보인다.
쏟아져 버릴 것 같은
목소리만 담긴다.

세상

하루가 끝나
밖으로 나오면
세상은 이미 콘크리트 바닥에
소복이 내려 앉아 있다.

거리도 건물도 그 위에
소복이 내려앉아 있다.

가방을 메고 이야기를 나누며
지나가는 아이들.

오늘도 나는 그들을 따라
그곳을 지난다.

귀로

콘크리트 광장을 혼자 걸으면
하늘은 언제나 생각보다 높고
구름도 한층 멀리 보인다.

그동안 찢길대로 찢긴
구름 조각들도
은하 너머로 날아가 버린다.

남은 것은
그렇다 할 아무런 사연도 없이
발 끝 아래서
깜박이는 도시.

가로등에 정적도
가라앉은 시간이라
돌아갈 것이
돌아가는 것인데.

호랑나비

한 철 남편에게 자식에게 진을 다 빼고
모퉁이 모퉁이로 껍질로 껍질로
굴러 다닌다.

이제는 흰 것이 싫어서 검은 것이
되었느냐? 검은 것이 좋아서
흰 것을 버렸느냐?

몸으로 몸으로 남편을 자식을 키워 오다가
몸은 너무 가벼워 쫓겨났느냐?

몇 날을 울담에서 서성대다가
나비가 되어 앉아 있느냐?

가슴에 한 마리 호랑나비가
팔랑팔랑 춤을 추며 날아오고 있다.

괴로울 때면

어디가 잘못이 있는지
다시 한 번 점검해 보자.

설혹 저쪽에 잘못이 있다 하여도
결국은 이쪽에 문제가 있는 것이 아니겠느냐?
누구의 잠도 아닌
바로 내 자신의 잠이라고 하지 않았었던가?

상처를 받아 괴로운 것이나
상처를 주어 괴로운 것이나
결국 문제는 이쪽에 있는 것이 아니겠느냐?

괴롭다고 생각하는
생각에 있는 것이 아니겠느냐?

내가 나로부터 나오는 길은

내가 나로부터 나오는 길은
나보다 가벼운 또 다른 나를
만드는 거다.

이제는 구두창도 엷은 것으로 하고
한 옥타브 말도 낮추어
간단 간단히 하자.

만나면 가볍게 인사도 하고.

하는 것에도 지나친 의미를
둘 것이 아니다.
하나 하나 나를 발견해 가고
정리해 가는 그 정도이다.

투명한 몸으로
움직이며 말하며
생각하며 느껴가는
나보다 가벼운 또 다른 나를
만드는 거다.

삶

너와의 투쟁에서
이길 때만이
나는 너로부터 나올 수 있다.

왜 싸워야 하느냐
왜 이겨야 하느냐고
다시는 묻지 마라.

싸워야 한다.
그래야 생명도 빛을 발한다.
이겨야 한다.
그래야 너로부터 나올 수 있다.
그래야 너를 바라볼 수 있다.

왜 싸워야 하느냐
왜 이겨야 하느냐고
다시는 묻지 마라.

나

너는 왜 그것들을 싫어하느냐?
결국 문제는 너에게 있다.

꼭 반감을 만들어 상심할 필요까지 있느냐?
결국 문제는 너에게 있다.

꽃이 빨간 것도
하늘이 파란 것도
이유를 곰곰 생각해 보면
원인은 바로 너에게 있다.

결국 문제는 그것들을
대하는 너에게 있다.

외출

이제는
그 여자는
남자 속을 파고들어 갈 때는
속이 잘 보이질 않아
속에다 또 하나의 남자를 품는다.

들어갔지만
속이 텅 비었을 때는
두려워 어쩔 수 없이
품고 들어간 남자를 본다.

다시 그 남자의 속을 파고들기 전
자기 속에서 그가 놀았던 흔적을
말끔히 씻어 버린다.
그리고는 또 다시 처녀처럼 허전한 맘으로
속에다 넣어 둘
또 다른 남자를 보러 나간다.

손금

나는 그동안 한 번도 남에게
손바닥을 보여 본 적이 없다.
보일 시간도 펼 시간도 없었다.

그러나 지금은 그것이 저절로 펴져
엉성히 벌어진 손가락들 사이로
하늘이 빤히 들여다보인다.

바람에도 날아가고
햇볕에도 바래

그동안 깊숙이 박혀 있던 액도
아침 새 소리에도 가볍게 뽑혀
나뭇가지 사이로 날아가 버린다.

제3부

형이상학의 땅 위에서

서문

형이상학의 땅 위에서

시를 쓰기로 결심하고 시를 써 오다가 근래에는 시를 쓰지 않아도 되겠다는 생각이 들었다. 그래서 이 시점에서 근래의 나의 이러한 생각을 소중히 여겨, 그동안 시와 나와의 관계를 다시 한 번 정리해 보기로 했다.

이 시집은 바로 그러한 정리과정에서 나온 것이다. 안 써도 되겠다는 생각이 더 짙어지기 전에 그간 쓴 것들을 우선 활자화 해두어야겠다는 생각이 들었다. 하나하나 다 애착이 갈 정도로 충분히 다듬지는 못했지만 그런 생각이 밀려오면서 이 정도에서 가까스로 자만해 보기로 했다.

시를 쓰기로 결심하고 사물들 속으로 내 속으로 들어가 보니까, 그것들 자체가 다름 아닌 바로 시라는 생각이 들었다. 신비롭게 서 있는 미루나무, 향나무, 목련. 언제부터 있었는지 나로서는 결코 알 수 없는 길모퉁이에 서 있는 차돌. 둘이 이야기를 나누며 지나가는 학생들. 이런 것들이 다 그러려니와 내 자신 역시도 한 수의 손색 없는 시라는 생각을 하게 되었다.

아침에 나갔다가 밤에 돌아와 가만히 누워, 나는 그 날 내가 쓴 시를 읽어본다. 등불에 표면이 비치는 검은 바다를 내려다보며, 몸으로 그 날 쓴 내 시를 읽어보는 것이다. 이렇게 몸으로 썼는데, 구태여 꼭 글로 쓸 필요가 있을까? 요즘은 누우면 자꾸 이런 생각들이 든다. 누구의 말처럼 형이상학의 땅 위에 서 있는데, 무슨 또 형이상학이 필요한가?

시란 현실을 형이상학의 세계로 지각케 만드는 자극제와 같은 것인가? 그렇다면 현실을 그렇게 지각하고 있는 한, 시는 무용한 것이 아닌가? 무조건 시를 써대는 대신, 앞으로 얼마간 이 문제를 좀 더 깊이 생각해 보려고 한다. 나는 하나의 시이다. 남들도 또 하나의 시들이다. 이런 생각에 착실해 봄으로써 글로 시를 쓰지 않아도 살아갈 수 있는 생활 자세를 가져보려 한다.

자신이 형이상학의 땅 위에 서 있다는 사실을 자각하는 순간만은 남들이 무어라 해도 내 마음은 편안하고 내 삶은 신비롭다. 그래서 요즘은 우선 순간순간 주어지는 것들에 최대한 충실해 보고 싶은 생각뿐이다. 그렇지만 한편으로는 불안감이 없지 않은 것은 아니다. 그러나 현재로서는 사물과 내 속으로 더 깊게 들어가 보고 싶은 심정뿐이다.

더 들어가고 더 파헤쳐 보면 몸으로 쓰는 시와 글로 쓰는 시가 합일에 이르는 그런 경지가 있을 것 같다는 생각이 든다. 그때는 아마 시란 글로 쓴 것이라야 한다는 생각이 들지도 모를 일이다.

어쨌든 요즘은 이 형이상학의 땅 위에 몸으로 쓰는 시가 진짜 시라는 생각에 몰입해 보고 싶은 심정이다.

중년

같이 앉아 있어도
언제나 혼자 있다

가만히 혼자 앉아 있으면
무언가 잡히는 것이 있는가 보다.
항상 그것을 살려 방향을
잡아왔나 보다.

간간히 남의 말을 듣기는 한다.
그러나 머리숱과 어깨가 내려앉아
몸가짐이 좀 흐트러져 있다.

그래도 그에게는 무언가 하나
가진 것이 있는가 보다.
술 담배로 흐트러진 얼굴에는
그래도 볼만한 윤곽이 있다.

하루

너를 펜촉으로 다 파헤쳐 내도
잡힌 것은 아직 두 서너 마디.

그것도 붉고 까맣게 타오르는
수레바퀴살에 묻어 올라온 것.

그래도 그것이 이리도 붉고 까맣게
내 몸을 물들일 줄이야.

네 앞에서야 비로소 눈이 뜨인다.

친구

짜뿌리. 그 녀석은 국민학교 졸업을 하고 어디를 갔는지.
고향에 내려가도 통 볼 수가 없다.
국민학교 때는
길바닥에서 보이던 것이 항상 그 놈이었는데.

매일 논둑에 엎드려 풀만 베다가
무자수라도 되어 버렸나.
논에 혼자 처박혀 김만 메다가 개구리라도 되어 버렸나.

망개, 그 녀석도 중학교를 졸업하고는 어딜 갔는지.
영등포 철공장 쇠망치라도 되었나.
아니면, 신촌 캬바레 병따개라도 되었나 보다.

봉자, 그 애도 고등학교를 졸업하고는 통 보이질 않는다.
집안 새장에 갇혀 꾀꼬리라도 되어버렸나.
닭장에 갇혀 암탉이라도 되어버렸나.

왜 요즘은 그것들이 자주 보이는지 모르겠다.

밤

팽팽팽, 오토바이들이 또 밀려오고 있네.
도토리들이 뽕뽕뽕 도망쳐 달아나네.
뽕뽕뽕, 이 밤에 어디를 가는 것인가.

이곳 사람들의 발걸음은 너무 느리네.
간간이 잡히는 울음소리.
결국, 자네가 그렇게 간 것은
그동안 죽음을 각오하고 살아온 탓인가 볼세.
우리는 시내로 들어와 헤어지기 전
다방에서 다시 한 번 자네를 이야기했네.
인사다운 인사도 없이 그냥 내려와 버리고 말았네.
뽕뽕뽕, 뽕뽕뽕.

소리들은 밀려오고 또 밀려오고
또 그렇게 밀려왔다가는 가버리면서.
정말 이 무슨 짓을 하고 있는지.
비틀렸다 흩어지는 한 조각 구름, 하늘, 뽕뽕뽕.

유년

산에 그림자가 떨어져 있다.
그것이 이쪽으로 온다.

살모사.
그것이 고개를 쳐들고 소리 없이
이쪽으로 건너온다.

나무.
지금도 퍼렇게 독이 가슴으로
치올라 온다.

아가에게

이제는 너도 나처럼
지상에 서 있다.

네가 밟은 지면도
내가 밟은 지면과 다를 리 없다.

네가 밟은 지면이
내가 밟은 지면과
다를 수 있다면
내가 밟은 지면도
네가 밟은 지면과 다를 수 있다.

이제는 너도
너에게 주어진 너의 지면 위에서
네 소리를 내 보아라.

내가 내 지면을 밟고
내 눈으로 너를 보듯이

이제는 너도 네 지면을 밟고

네 눈으로 나를 보아라.

내가 내 지면을 밟고
내 세계를 갖고 있듯이
너도 이제는 네 지면을 밟고
네 세계를 가져 보아라.

겨울밤 산책

아무도 보이지 않는
겨울밤 산책길에서
무수히 밟혀오는 나뭇가지 그림자.

그것은 다가오는 이별을
순수히 받아들이기 위해
그동안 하나 둘 정리해 갔었던
그 사람의 생각들이었던가.

물끄러미 그것을
내려다만 볼 수밖에 없었던
내 마음 속 상흔들이었던가.

아무렇게나 흐트러진
크고 작은 별들을 올려다 보며
어쩔 수 없이 이별을 한 번
받아들여 보며
오늘밤도 그 사람이 뿌리고 간
몽롱히 빛나는 별들 속에서
그 사람의 마음 속 상흔들을 찾아내본다.

콘크리트 바닥에 쏟아져 내린
겨울나무 그림자.
그 위에 떨어진 내 겨울 그림자.
그 사람의 겨울 그림자.

그것은 그 사람이 떠나야 했을
그렇게 크고 작은 이유들이었던가.
그동안 찢길 대로 찢겨버린
그 사람 마음속의 상흔들이었던가.

준비

사람들은 하루 종일 떠날 준비를 하고 있다.
그렇지만 나는 준비할 것이 아무것도 없다.

남에게 돌려줄 것도 없고 빌려줄 것도 없다.
두고 갈 것도 없고 부탁할 것도 없다.
하고 갈 말도 없고 두고 갈 사람도 없다.
가지고 갈 것도 없고 같이 갈 사람도 없다.

여기에 올 때도 마찬가지였다.
가지고 온 거라곤 아무것도 없었다.
알고 온 사람도 없었다.

어디를 떠날 때도
나에게는 마찬가지였다.
준비할 것이라곤 아무것도 없었다.

수학여행을 떠날 때도 그랬고
돌아올 때도 그랬다.
하숙집을 옮길 때도 그랬고
유학을 떠날 때도 그랬다.

귀국 때도 그랬고
출퇴근 때도 마찬가지다.

지금도 사람들은 매일 매일
이곳을 떠날 준비를 하고 있다.
그러나 나는 준비할 것이
아무것도 없다.

사람

거리에서 사람을 만났다.
찻집에 가서 차를 마셨다.
술집에 가서 술도 마셨다.

사람과 숲속을 거닐었다.
사람과 동굴로 들어갔다.

투닥거렸다.
혼자 나가 버렸다.
기다려도 들어오지 않았다.

문을 열었다.
열리지 않았다.
밖으로도 철문이
내려 있었다.

형이상학의 꿈

글씨를 쓰고 있는데
오른쪽 손목이 하늘로 펄렁 날아가 버린다.

말을 하고 있는데
혀가 땅으로 툭 떨어져 버린다.

책을 보고 있는데
왼쪽 눈동자가 펑 터져 버린다.

이거 저거 다 없어진 상태에서
책상 앞에 앉아
지난밤 꿈을 생각해 본다.

주문

나는 지구를 타고 태양을 돌고 있다.

태양은 나와 지구를 태우고
은하 중심을 돌고 있다.

은하는 나와 지구와 태양계를 태우고
우주중심을 돌고 있다.
우주는 그것들을 태우고
비존재 영역으로 나가고 있다.

현재 나는
그러한 차원이 다른 존재들의
공간이동 과정 속에
존재해 있다.

마지막

의자가 있구나.
노란 테이블 앞에서
빙그레 웃고 있구나.

꼭 앉을 필요가 있을까.

먹물이나 마시고
물개나 되어
바라다나 볼까.

신문쪽지에나
끄을려 혀라도 깨물고
땅바닥에나 꺼꾸러져 볼까.

죽어서나 떠나자.
아니면 사람이라도 되어 돌아와 보자.

개펄

속에서 한없이 치밀어 오르는
잡것들
오늘도 개펄에 들어가
온종일 헤매다 나왔다.

잡은 거라고는 몇 개피 생명체

개펄이 허벅지까지 차올라
몸을 가늠하기 힘들 때도
발작과 발작 사이를 채우는
천길 검푸른 잡것들.

한평생 그 속을 헤매어오다 보니까
이제는 평지를 걸을 때도
개펄인간이 되어 버렸다.

성장

나무가 날아간다.
바위가 떨어져 날아간다.
하늘이 날아간다.

이면이 보인다.
너머것이 보인다.

어디선가 터져 나온
샘물 같은 것들.

이리도 깊이
박혀 있을 줄이야.

이제는 더 안으로
들어갈 수밖에 없다.

내가 가는 길은

내가 가는 길은
산자락에 포근히 파묻힌 그 마을로 가는 길이다.

검푸른 하늘에서 정상 바위에서
한 평생 부리를 갈아오던 것이
맨 처음 발견해 쪼아올린 길이다.

나뭇잎마저 없어진 노상에 서서
무언가를 주고 받으며
무언가를 이야기하는 사람들.

그들의 손금에서 출발해
그 마을로 들어가는 길이다.

밤마다 골목 블록들을 깨고
돌아섰던 길들도

이제는 마을에서 산등성으로
올라가는 길이다.

에고이스트

나는 에고이즘의 화신이요.
처음 너는 이렇게 너를 나에게 소개했었지.
그래서 나도 에고이즘의 화신이요라고
너에게 나를 소개했지.

그 후 네가 나에게 거짓말을 하니까
나도 너에게 거짓말을 했지.
네가 나에게 화를 내니까
나도 너에게 화를 냈지.

네가 나로 인해 괴로워해서
나도 너로 인해 괴로웠지.
네가 나에게 속을 보여
나도 너에게 속을 보였지.

네가 나에게 먼저 만나지 말자 해서
나도 너에게 만나지 말자 했지.
네가 기뻐해서 나도 기뻐했지.

기도

그대의 방에서 그대의 작품을
보고 있습니다.

그대의 그림 속에서 그대의 눈을
보고 있습니다.

그대의 눈동자 속에서 그대의 시를
읽고 있습니다.

비록 그대는 없지만
그대의 것들을 타고
그대의 나라로 날아가고 있습니다.

哀泉

생명이 무한해
자신의 운명을 슬퍼하는 자야.
고개를 들고
하늘을 보라.

하늘도 낮에는
햇살과 비를 대지에 뿌려
꽃을 피우지 않느냐?
밤에는 별들을 띄워
우주 속 지구의 위치를 말해주지 않느냐?

생명이 무한해
자신의 운명을 슬퍼하는 자야
고개를 들고 세상을 보자.

산새들도 찾아와
목을 축이지 않느냐.

아이들도 놀다가
노래를 부르며
돌아가지 않느냐.

부재

지난 며칠간 너의 부재로 인해
여기는 그야말로 바람 한 점 없고
완전 퇴색된
부동무색공간이었다.

어제도 거리에 나갔다, 돌아오는 길에서
또 너의 부재를 만났다.
그래도 그곳은 나와는
무관한 사람들이 여기저기 돌아다니고
까맣게나 타들어간 흑색 공간이었다.

그러나
오늘은 그것을 운명이라 생각해보며
별들 사이까지 울려퍼지는
그것을 수없이 노래해 보며
부동무색공간을 가로질러본다.

진정으로 그 사람을
생각해왔다면
어디에 있는지는

결코 문제가 되지 않지 않느냐.
그 사람이 행복해 한다면
그것으로 되지 않느냐?
원래 이것이 너의 길이 아니었느냐.

지상에 같이 있다는 것만으로
기뻐할 일이지 않느냐.

아니, 이 지구에 같이 있다는 것만으로
기쁜 일이 아니냐.

그를 떠나 보내고

그 사람 목소리다.
그 사람이다.

그럴 리가 없다고 생각은 하면서도
그래도 한 번 눈을 떠 본다.

떠난 사람이 다시 와 있다는 것은
누구의 못다한 죄책감인가.

그 사람이 항상 서 있던 곳.

이제 그를 위해 할 수 있는 것은
못다해 쓰러진 노변방초나 되어
다시 와 서 있는
그 사람을 빤히
바라다 보는 것 뿐이다.

약속

저녁 언덕에 올라
한 번 세상을 바라다 본다.

땅은 저 발 아래서
깜박거리며 일어서고
하늘은 미처 다 타지 못하고
남아 있는 화재현장이다.

이 세상에는
내가 할 수 있는 것들이 있으니까

아니, 땅과 하늘이 이리도
둥글고 넓으니까
대답을 해도 괜찮겠구나.

방법

길에서 만나는 사람들은
삼분의 일 선에서 만난다.

직장에서 만나는 사람들과도
그 정도 그 선이 좋겠다.

집사람들은
삼분의 이 선이다.
교실에서 만나는 사람들도
그 선이다.

그러나 너만은
그 이상의 선이다.

혼자

순간 부주의로
땅바닥에 와르르 쏟아진 염주알들.
조각난 영혼을 내려다 본다.

나는 이제 그것들을
하나하나 주워 모아 꿰가고 있다.

어둠 속은
이따금 창을 때리는
바람소리 뿐이다.

어릴 때 살았던
시골집이 생각난다.

집돌담을 타고
개울물 소리가 난다.

개울에서 놀고 있는
아이들의 얼굴들을 들여다 본다.
새소리를 들으며
흙 묻은 조약돌을 씻어 본다.

물건

인간이 못됐으니까
이제부터는 너에게 필요한
물건이나 돼야겠다.

물건들은 단단하다. 짓눌려서 그렇다.
무쇠로 맞아서 그렇다.
여기저기 버려져 있어도
그래도 그것들은 적당히 생긴 것이 결코 아니다.

입을 다물고 입술을 깨물고 이를 악물고
속으로 삼키고 또 삼켜
피를 통해 뼛속을 통해
가슴 속을 통해 나온 것들이다.
잘리고 깎이고
달궈고 닦여 나온 것들이다.

정말 이제부터는 너에게나 필요한
물건이 되어야겠다.

괴로울 때면

어디가 잘못됐는지
다시 한 번 점검해 보자.

설혹 저쪽에 잘못이 있다고 생각되어도
문제는 이쪽에도 있는 것이 아니겠는가.
누구의 잠도 아닌
바로 내 자신의 잠이라고 하지 않았었던가.

상처를 받아 괴로운 거나
주어 괴로운 거나
이쪽에 문제가 있는 것이 아니겠는가.

괴롭다고 생각하는 생각에
문제가 있는 것이 아니겠는가.
어디가 잘못됐는지
다시 한 번 고개를 들고 점검해 보자.

전화

하루내 기다리다가
밤새 기다리다가
전화줄에 목이 걸려
쓰러져 있다.

끝내 울리지 않는
저 잔인한 무기

아, 이 편리한 무기.

황하를 지나며

되놈들은 없어 없어 하면서도
잘도 먹고 잘도 자고 잘도 입고 잘도 잔다.
우리는 있어 있어 하면서도
못먹고 못자고 못입고 못산다.

없어 없어 하니까
정말 없는 줄 알고
없어도 갖다 주고
꾸어다도 준다.

있어 있어 하니까
정말 있는 줄 알고
없어도 가져간다.

되놈들은 땅도 많고
유산도 많다.
우리는 땅도 작고
유산도 없다.

되놈들은 없어 없어 하면서도

오만 데서 다 저리도 대형공사를
벌이고 있다.

재생

갈 곳이 없어
마을 어귀로 기어 나왔지.

세 갈래 길목에서
오가는 사람들의 말 끝에
며칠간 귀를 기울여 보다
자살을 생각해 보다가
귀가 있어 죽이지도 못 하겠다는 말도 듣다가
어느날 새벽 그곳을 뜨기로 결심했었지.

처음에는 몸을 꿈틀여 보았지.
비틀어도 보았지.
다음에는 고개를 들고
서서히 몸통을 앞으로 흔들었지.

속도가 붙었지.
찬 공기에 머리가 찢겼지.

새벽 별들을 헤치고 달려 나왔지.
껍질이 벗겨져 나갔지.

몸통이 유성처럼 타버릴 때까지
속도를 내 보았지.
머리통은 혜성처럼
부풀어 올랐지.

정자나무

봄철 몸에 물이 오르니까
이놈도 보고 저놈도 본다.

얄미워 돌부리로 쳐보니까
대뜸 선피를 흘린다.

이놈 저놈 다 싫어서
회초리로 실컷 때려주고
돌아온 날 밤에는
밤새 구슬피 울어대는 소리에
한숨도 잠을 이루지 못 했다.

이제는 나도 그만 봐야겠다고
딴 것을 보고 돌아오는 날에는
길목에서 구멍을 딱 벌리고 끝까지 기다린다.

슬플 때는

이제는 술도 마시지 않는다.
노래도 부르지 않는다.
사과도 질겅질겅 씹어먹지 않는다.
목욕도 하지 않는다.
의자에 떨어져 잠을 자지도 않는다.

일도 하지 않는다.
산책도 하지 않는다.
친구도 찾지 않는다.
사람들에게 전화도 하지 않는다.
화도 내지 않는다.

무엇이 슬픈 건지 왜 슬픈지
책상에 앉아 생각해 본다.
생각을 백지에 기록해 본다.

원인이 완전히 떨어져 버릴 때까지
속을 뒤집어 본다.

할아버지

산자락 한 모퉁이를
뱅뱅 한 평생 돌다
나도 가세 나도 가세
노래를 타고
가세 가세 나도 가세
꽃가마를 타고
잔뼈 몇 개 남기고 떠나신 곳이
왜 이리도 평화로운가.

근심도 한도 수치에 불과하고
생각도 한낱 거추장스러운
한겹 옷자락에 불과했던가.

이제는 빛이 되어
아침 햇살이 되어
가슴 속에 자욱한
뿌연 것들을 뚫고
내 바닥까지 내려와
홍건히 고이는구나.

인간

너는 알고 있느냐?빛감옥에서 살아온 존재라는 사실을.

이제 너는 그 사실을
깨달을 시점에 와 있다.

네가 그 사실을
깨닫게 되면
너는 빛을 연구해 오래지 않아
빛감옥으로부터 해방될 것이다.

작별을 앞두고

아이들과 이야기를 나누며
혼자 돌아오는 길에는
짐승 뼈다귀 같은 말 조각들이 흩어져 있고
조금 전에 산
빨간 비행기 티켓에
초록색 물방울들이 떨어져 있다.

아침 등굣길에 집 앞에서 인사를 나누고
헤어진 후에도
가다가는 자꾸 뒤돌아 보며
안녕 안녕 손을 흔든다.
조만간 있을 작별연습을
해 보는 것일까.

아이들에게는 어떻게 이별을
설명해야 하나.

화내기

직장에서는 직장에서 대로
술집에서는 술집에서 대로
집에서는 집에서 대로
화를 자주 내 왔다.

그래도 나는 사람들이
화를 안 내면
그들이 빨갱이들이라는 생각이 든다.

그래서 이제는 화만 생각해도
화가 치민다.

화를 내면 일단 진다.
가까운 사람들의 말이다.

그렇다.
화를 내면 내가 무조건 진다.
그러나 화를 안 내면 내가 죽는다.

초겨울 여행

차를 몰고 혼자 가다 보면
커피 한 잔 정도가 적당한 세상이다.

이제는 누군가를 사랑을 한다는 것도
거추장스럽다.

치솟던 것들도 낙엽처럼 떨어져 내렸고
하늘도 말만큼이나 가벼워졌다.

그래도 여기는 첫 눈이 내리면
한 번쯤은 누군가와 지나가 볼 만한 곳이다.

나지막한 마을들이
재미있어 보인다.

남자

남자는 무엇이든지 누구든지 그저 잡아 먹는 데
사는 목적을 두었나 보다.

여길 가도 두리번 저길 가도 두리번
보였다 하면 우선 한 번 힐끗이다.

다음은 여유를 가지고 작전 개시다.
귀가 때는 구멍가게에도 들르고
낮에는 친구에게 보신탕도 사주고
팔도 굽혀 보고 허리도 두들겨 보고
말도 하고 책도 보고 글도 써 본다.

그러다가 자리를 만들어 구린내를 풍긴다.
반응이 없다 싶으면
집으로 돌아가 화를 바가지로 낸다.

이튿날은 친구를 만나
산다는 게 다 이 잔에 뜬 거품과 같다느니
정말 술맛이다느니 지저귀어댄다.

그러다가 한 번 힐끗 하더니
다시 조용해진다.

가을

곡식이 떨어져 쌓여 산을 이룬다.
태양도 가리고 마을도 덮는다.

밤 사이에 곡식은 바람에 불려
사막을 이룬다.
언덕을 이룬다.

그곳으로 태양이 솟아 오른다.
곡식은 다시 그곳으로 떨어져
산을 이룬다.

태양은 산을 태운다.
곡식은 불길 속으로 떨어져 내린다.

임종

바라다 보면
천상은 온통 낯익은 사람들이다.
그리운 얼굴들이다.

떠날 때를 기다리며
가는 길을 막으며
마음의 문을 열어주는 사람들이다.

사실 떠날 곳은 길을 막는 사람들의
가슴 뿐이다.
못다한 말들이 주렁주렁 맺혀 있는
북방 한 언덕가 하늘이 아니다.

들여다 보면
세상은 온통 낯익은 사람들이다.
그리운 얼굴들이다.

수명

터널을 하나 뚫어야겠다.

마을이 내려다 보이는
야산을 하나 찾아내
사람들을 데리고
그곳에 사과밭을 일굴 수도 있다.

그러나 그것보다는
마을과 마을 사이에 있는
산을 하나 찾아내
그것을 뚫는 것이 좋겠다.

몇 십 년 걸릴지라도 일단 작업을 해야겠다.
그래야 이곳서 오래오래 살다가
저승으로 나갈 수 있다.
그래야 이승으로도
한 발짝 더 들어갈 수 있다.

계곡에서

계곡으로 들어왔다.
코끼리 물개 꿀꿀이 거위들이
놀고 있다.

접근해가도 도망가지 않는다.
밟아 보아도 꼼짝 않는다.

그래도 그것들은 용이라도 되어
곧 비상할 기세이다.

평생을 저렇게
부딪치며 씻기며
굴러가다 보면

쓸리며 깎이며
뺏기며 포기하며
살아가다 보면

돌들도 저렇게
영물이 되나 보다.

말

아무래도 내 속에는 물체가
하나 들어 있나 보다.

언제부털까?
수정덩인지도 모르겠다.
어쩌면 악어 새끼인지도 모르겠다.

한 두 마디가 속에 떨어지면
세상이 온통 캄캄해진다.
어느 때는 투명해진다.

색소가 다 빠질 때까지
질겅질겅 씹어 본다.
다 없어져 버릴 때까지
새김질을 해 본다.

아무래도 내 속에는 이상한 물체가
하나 들어 있나 보다.

세상

머리를 풀어 헤치고
넓은 세상을 쓱 한 바퀴 돌아도 보고
처용이 되어 덩실덩실 춤도 춰 보고
햄릿이 되어 큰 소리도 질러 보고
칼도 뽑아 본다.

요즘에는 이 동굴 속도 내 세상이 아니다.
이제 보이는 것은
가슴 속에 박혀 있는 야광석 뿐이다.
그동안 부풀대로 부풀은
차가운 고드름들 뿐이다.

이제 나에게는 아무것도 없다.
마음도 동굴이고 세상도 동굴이다.

부탁

무슨 부탁을 하시려 했었나요.

이래서 그리도 당신의 운명을 즐기셨나요.
잘 살아라. 미안하다.
아니면 실망치 말고 네가 하는 일이나
착실히 해가라는
말씀이셨었나요.

한 번도 꿈이나 저승 얘기를
하시지 않으셨던 분.
그것은 모든 것을 당신의 운명에
맡기셨기 때문에서였던가요?

가셨다 다시 오셔서
그런 부탁을 하셨었나요.

어떻게 사는 것이 잘 사는 건지
무엇을 위해 살아야 하는 건지
한 번만 더 말씀해 주세요.

쓰레기장

처음 들어섰을 때는
코를 막았다.
빠져 나가서는 옷도 털고 머리도 털었다.
집에 가서는 목욕을 했다.

출퇴근 길에 매일 그곳을 쳐다 보니까
쓰레기라는 것이 별 게 아니고
생선 찌꺼기며 사과 껍질이며 벽지며
콘크리트 조각들과 같은 것들이라는 것을
알게 되었다.
모두가 우리에게 가장 친숙한 놈들이었다.
그 후부터는 그럴 필요가 없었다.

얼마 전부터는 이것저것 복잡할 때는
쓰레기장을 지나오다가 그곳에 앉아
담배를 피우는 습관이 생겼다.
전번은 취해 그곳에서 하룻밤을 지냈다.
이제는 어쩌다 그곳이 내 직장이 되었다.

그분

그분이 여기를 떠나자
여기는 그분의 세계가 됐다.
길도 그분의 길이다.
집도 그분의 집이다.
용구들도 다 그분의 것들이다.

나는 지금 그분의 것들로 감싸여 있다.
보이는 것도 잡히는 것도 모두 다 그분의 것들이다.
몸뚱이도 생각도 다 그분의 것들이다.

섣달 그믐날

집에 전화를 하고
숙사로 돌아가다가
언덕에 앉았다.

식당 할아버지가 검은 양복에
나비넥타일 매고
언덕길을 내려 가신다.
차들도 빈번히 시내로 내리 달린다.

언덕길 입구에서 마주친
귀성하는 한 용원 부부

사실은 서울에서도
섣달 그믐날이면
별로 할 것이 없었다.
다방에나 들어가 담배나 피우며 앉아 있곤 했다.

한 때는 나도 섣달 그믐날이면
집안 어른들과
스승들을 찾아 뵌 적이 있었다.

그러나 지금은 더 이상
그 필요성을 느끼지 못한다.
그 까닭은 무엇일까?

누가 가르쳐 준 것도 아닌데
귀성하는 젊은 부부들.
그들의 착한 뒷모습들을
몇 번이고 뒤돌아 보며
얼마 남지 않은
언덕길을 더 올라가 본다.

미명호

한여름 뿌연 서열을 뚫고
하늘 가득히 피어 올라 있다.
커다란 달무리 아래
꽃들이 가들 피어 올라 있다.

지심으로 스며 내린
물기를 뽑아 올려
생각보다 훨씬 더 넓적한
이파리들로 호수를 덮고
그 위에서 곱게 피어나 있다.

그 사람은 그동안 호숫가를 걸어오며
얼마나 많이 생각해왔던가.
무어라 아직은 이름 붙여 볼 수 없는
우리들 사이를.

속죄

엄마의 불행을 생각하면
아버지가 한없이 미운 적이 있었다.

그 후 엄마의 불행의 원인은
아버지보다는 외할아버지였다는
생각을 하게 되었다.
누나의 불행은 아버지였다는 생각도
해 보았다.

나도 이제는 그 분들처럼 어른이 되어
그 분들이 떠나시고 안 계시는 곳에서
생전에 계신 엄마와 누나의
하루 하루를 지켜보며 살아간다.
행불행이 무엇인지조차 구분이 안 가는
이런 세상에서 내 죄는
또 누구에게 떨어질 것인가.

왠지 요즘은
가장 가까이서 엄마와 누나를
지켜봤던 사람이
아버지였다는 생각이 든다.

슬픔

오늘은 하루종일 물을 가지고 놀았다.
커피를 한 잔 끓여 마시고, 수도꼭지를 틀었다.
쏟아지는 물에 스푼을 대니까 스푼이 깨끗해졌다.
그래도 물은 계속 쏟아져 내려
손가락에 이상한 느낌이 왔다.
그 때 처음 물을 발견했고, 또 너를 처음 발견했다.

커피 잔을 다시 한 번 씻었다.
다시 한 번 세수도 해보았다.
창가로 가서 지나가는 학생들을 바라보다가
다시 돌아와 또 손을 씻었다. 옆에서 몸 씻는 소리가 났다.
그래서 세면대에 물을 가득 받아 보았다.

H2O는 어떻게 생긴 것일까.
그것은 어디에서 여기까지 가는 것일까.
왜 아래로만 떨어지는 것일까.
아래로만 흘러가는 것일까.
정말 친구가 될 순 없지.

그래도 탕에 들어갔다.

그랬더니 따뜻하게 온 몸을 감싸주었다.
정말 이것을 원했지. 머리도 다시 한 번 감고 싶었다.
팬츠도 새 것으로 다시 한 번 갈아 입었다.

창가로 돌아가 봤다.
아직도 그것들은 그대로 서 있었다.
돌아가 다시 한 번 세수를 했다.

삼수 유학생

"여기는 봄이 오면 냄새가 나요.
아주 특이한 냄새지요."
2월 대학 풀장 앞이였었다.
세 번째 준비를 하고 있었다.
그러나 결국은 그 해도 실패를 하고
내가 그곳을 떠나기 직전
그도 그곳을 떠났다.

보이는 것이라곤 땅과 하늘 밖에 없다는
양자강 하류 깡촌에 세워진
한중 합작회사 현장 책임자로
그는 취직해 갔다.
그곳으로 가기로 결정하기 전에
그는 현장에 가서 20여일간
현지인들과 일을 해 보았다고 한다.
돌아와서는 한 3년 해 보기로
결심을 했다고 한다.
그 때 우리들은 그에게 송별식을 열어주었다.
불고기 연기 사이로
주고 받은 말들은 지극히 일상적인 것들이었다.

시험이 끝나면 한 잔 하자 했는데
도무지 연락이 없었다.
2주가 지나서야 전화가 왔었다.
후에 안 사실이지만
긴 방황이 끝난 후였다.
사실은 내가 먼저 찾았어야 했었다.
지금 생각해 보면, 그 때까지만 해도
철학을 해 보겠다는 생각은
버리지 않았었다.

상해에서 돌아온 그 다음날
그동안 그곳에서 번 돈으로
술을 한 잔 사며 앞으로의 계획을
비교적 소상히 말해 주었다.
안착이 되는 대로
아내와 아이를 데려갈 것이라는
말도 나왔다.

중문과를 졸업하고
대학원에 들어가

동양철학을 하다가
그만 집어치우고
회사에 들어갔다가
그것도 집어치우고
3년 전에 그곳으로 왔었다 했다.
우선 혼자 건너와
그 이듬해 부인을 데려왔다고 했다.
두 번째 실패했던 해
부인이 아기를 가졌었다고 했다.

우리가 풀장 앞
콘크리트 계단에 앉아 이야기를 했던 때는
아내가 출산 겸 귀국했었던 때였다.

결혼식은 회사를 그만두기 직전 올렸다 했다.
"이상하게도 내 주위 사람들은
논리가 튀어요."
그와 처음 만났을 때 나에게 했던 말이다.
아마 그것은
그들의 길이 그만큼 험악했던 탓은 아니었을까 한다.

어버이 날에

姜 基勳. 金 基卨

어디에서 많이 보았던 이름들이다.
또 현기증이 난다.

4B 연필을 뽑아서 이제는 한 번 써 보고 싶다.
그 이름, 그 이름들을.

대필
진실과 허위가 이리도 가까운가.

왜 그 장소를 택했던 것일까.

굽이쳐 흘러 올라가는
눈부신 강줄기
저 가슴 깊이 흐르는
그 분들의 원한들.

"아버지 어머니의 아들임을 선포해
부모님께 마지막 효도를

하려 합니다."

이것은 누구의 가슴 속에
고여 있던 것인가.
김의 입장에선 강의 가슴에서
나온 것인가.

"오늘은 어버이날입니다.
오늘 이 행위를 하는 데는
여러 가지 의미가 있습니다."

올림픽 대교

그곳을 떠나기 전
아내를 태우고
올림픽 대교를 건너 보았다.

우리가 돌아와 살림을 차린 곳은
대교 공사장이 내려다 보이는 강변이었다.

우리가 공사장을 처음 발견한 것은
한강을 지나는 전철 속에서였다.
집을 구하러 가던 때였다.

공사가 끝나는 것을 보지 못 하고
우리는 그곳을 떴었다. 그 후 우리는
다시 그곳으로 이사를 갔다.
아버지가 돌아가신 것은 그 무렵.
그 때까지도 공사는 끝나지 않았다.

대교가 개통된 것은
다시 그곳을 떠나기로 결심한 후였다.

처음에는 혼자 건넜다.
그 다음에는 아내를 태우고
건너 보았다.

그곳을 떠나기 직전에는
자신이 불행하다는 한 교수도 태워주었다.
자신은 결코 불행하지 않다는
한 여인도 태워주었다.

그 때마다 나는 한 마디 말도 그들에게 걸지 않았다.
그들도 역시 한 마디도 걸어오지 않았다.

단식

보이지 않아도
말 없이 서서히
움직이는 것들이 있다.

사람이니까
사람으로 살아보기로
결심한 몸이니까.

그것이 바로 그들이 바라는 것이긴 하지만
그래도 그들과는 무관히
나는 나대로 살아가야 한다.

이번만은 뜻대로 마음 편히
그들에게 나를 던진다.

보이지 않아도
말 없이 서서히
움직이는 것들이 있다.

장난

오늘은 하루종일 혼자서 장난을 했다.
수도꼭지를 틀어
온수에 손바닥을 대보다가
냉수로 다시 한 번 얼굴을 씻어보다가.

커튼을 치고 침대에 뒹굴며
어젯밤 산책 때 바라다 보았던
하늘로 다시 한 번 떨어져 보다가.

어디에 가 있는가.
여기는 어디인가.
저 너머에서 황금빛으로 타오르는 것.

이 캄캄한 형이상학의 땅 위에서
혼자 왜 장난을 하고 있는가.
이런 생각도 해 본다.

시대

내가 죽으면 슬퍼할 사람이 몇이나 될까?
다들 속으로 좋아나 하겠지.
확들 풀리겠지.
담배도 한 대 피워 보겠지.
나중에 가서는 신바람이 나겠지.

선생들이 야유회를 떠나자
버스라도 뒤집혔으면 좋겠다며
그 날 밤 학교 앞에서 술을 마셨다던
대학원생들

사실은 나도 그런 생각들을 얼마나
많이 했던가?
치솟는 그런 생각들을
얼마나 많이 술로 기도로 씻어 봤던가.

죽으면
한 두 번은
그놈들 좋은 안주감이 되겠지.
내가 죽으면 슬퍼할 사람이 몇이나 될까?

지옥

이 세상이 지옥이라니
정말 다행스럽다.

난 전생에서 무슨 죄를 졌을까?
기왕 받는 벌이니까 달게나 받자.

끓는 납물에다 썩은 머리를 담그고
창살로 가슴을 터트려
피 속 불순물들을 정제해내자.

독사에 물려 아픔을 맛보고
강 한가운데서 악어를 만나 보고
사람들에게서 실컷 욕을 먹어 보자.

삶의 조건

좋은 일을 해야 일어설 수 있다.
거리를 걸어갈 수 있다.

이제는 맘이 착잡할 때는
거리에 나가 종이 조각이라도 줍자.

끝없이 이쪽으로 나부껴 와도
누구 짓이라 생각지 말고
담배꽁초, 금박지, 유리조각 할 것 없이
다 줍는 것이다.

일어서려면 별 도리가 없다.
남들이 무어라 밀어 붙여 버려도
줍고 또 줍고 또 줍는 것이다.
그래야 일어설 수가 있다.
걸어 갈 수가 있다.

연인

내가 책 첫 장을 읽고 있으면
그것을 넘기고 있다.
편지를 쓰고 있으면
답장을 쓰고 있다.
아침 교실 문을 열면
자리에 앉아 있다.

산정에 올라가면
내려오고 있다.
이상한 맘을 먹으면
뒤에 서 있다.
도망을 가면 꿈 속까지 쫓아오고
쫓아가면 저승까지 도망친다.

창문을 열면
언제나 우뚝 서 있다.
하늘을 쳐다보면 하늘 밖에 나가 있다.
총대를 들면 총알이 날아온다.

돈이 없으면 주머니에 넣어 주고

그늘을 찾으면 그늘을 만들어 준다.
말을 하려면 말을 해준다.

동반

내일은 그분이 오시는 날이다.

지난번은 아버지랑 같이 오셨다.
그러나 이번은 그분 혼자다.

만난 지 올해로
만 50년이다.
임종시 말씀이다.

한동안은
형님이 동반하셨다.

얼마 전부터는 나들이도
줄어 드셨다.
이제를 그리 잦지 않던 아버지 성묘도
끊으신 모양이다.

내일은 그분이 오시는 날이다.

일어나면 그 아이들 집에도 함께 가자고
하셨다고 한다.

그분은 말년엔 먼 산을 자주 바라다 보셨고
별 말수가 없으셨던
아버지를 모시고,
또 아버지는 하늘색 치마 저고리에
함박꽃 웃음을 띠우신
그분을 모시고
내일은 두 분들이 오시는 날이다.

관계

친구는 버스표가 없었다.
그래도 달라고는 하지 않았다.
한 장을 주었다.
친구로부터 고맙다는 말을 들었다.
버스를 타니까 기분이 좋았다.

버스표가 없었다.
그래도 달라고는 하지 않았다.
친구를 세워 놓고
버스표를 사 왔다.
버스를 타니까
기분이 좀 이상했다.

왜 이상한지를 줄곧 생각해 봤다.
이상할 것이 아무것도 없는데,
이상한 것이 정말 이상한 일이다.

스승의 날에

자기가 정말 존경하는 선생님은
더러 찾아 뵙는다는데
사실상 나는 그러질 못했다.

그동안 몇몇 선생님들은
어떻게 기회가 만들어져
찾아뵈었다.

그러나 정말 존경하는 선생님은
그러질 못했다.
소식조차 모른다.

결별 후

내가 우주의 중심이다.
내가 있어야 세상이 있다.
나는 이렇게 생각해 왔었다.

그러나 너를 만나서
너도 나와 똑같은 생각을 하고 있다는 것을
발견하였다.

그래서 사실 나는 이렇게 생각했다.
네가 우주의 중심이다.
네가 있어야 세상이 있다.
네가 있어야 내가 있다라고.

생활

너를 내려다 보면
너는 실물결에 지나지 않다.
그러나 고개를 들고 올려다 보면
너는 내가 결코 이를 수 없는 천 길 성벽이 되어 있다.

믿을 수 없을 때는
높이를 삼등분 해 보라.

나는 종종 네 표정만을 내려다 보고
너를 판단해 버릴 때가 있다.

그러나 고개를 들고 너를 올려다 보면
너야말로 바로 나의 유일한 희망이라는 것을 알게 된다.

아이들에게

태양을 연구해 보겠다면
태양에서 쏟아져 내리는 햇빛을 받아
그것들로 지상에서 살아가는 것들을 들여다 보라.
그것들 중에서 닮거나 같은 것들을 찾아내 보라.
그것들로 태양을 바라다 보라.

한 번 연구해 보겠다고 맘 먹었다면
일단 그것 속으로 들어가 보라.
들어갈 때는 빨려들거나 밀려 들어가서는 안 된다.

한 발 한 발 너희들 발로 걸어 들어가거라.
나와도 되고, 다시 나오지 않아도 된다.

메모

흙탕물 속에서도
사랑을 해 보겠다.

그래, 이제는 그것이라도 받아들일 수밖에.

더 깊이 더 순수하게 너를 사랑해
나를 구제해 갈 수밖에.

이제 사랑에 대해서는
더 이상 생각지 말자.

시절

파출소 문이 꼭 닫혔다.

보온병이 들어간다.

철가방이 나간다.

고장난 환풍기 사이로
육사에 합격한 동생 이야기가 새 나온다.

이동 버스가 도착한다.

이순신 장군들이 나온다.
이동버스에 실려 호송된다.

사표

속은 들여다 보지 말자.
새까만 껍질들이 파묻혀 있다.

고개를 들고 흰 것을 바라다 보자.
초록색 하늘에 드높이 솟아 있는 것.

돌아다 보지 말자.
검은 것들이 입들을 벌리고
바라다 본다.

일어나 흰 것을 향해 달리자.
초록색 하늘에 드높이 솟아 있는 것.

저곳에 올라 바라다 보자.
내 지도를 내려다 보자.

제4부

빛을 핥는 뱀에게

서문

뱀과 아기의 대화

언제부터일까 내 의식 속에는 뱀과 아이가 이야기를 나누는 장면이 형성돼 있다.

나뭇가지 사이를 뚫고 들어온 빛줄기를 간간이 핥고 있는 뱀에게 아이는 말을 던진다.

무얼 하고 있니?

몸 속에 가득찬 독을 해소시키고 있지.

네가 그리도 징그러운 것은 네 몸 속에 독이 꽉 차서 그러는 거구나?

아마 그럴지도 모르지.

몸 속에 왜 독이 생겼지?

내가 다니는 땅이 하도 험했기 때문일 거야. 네가 걷게 될 땅도 평평치 않으면 네 몸에도 독이 생길걸.

그럴까?

우리는 경제적으로 정치적으로 문화적으로 험악한 길을 걷는다. 그래서인지 우리도 저 뱀처럼 매연 가득찬 도시 콘크리트 속에서 우리를 찾아오는 빛을 핥는다. 어떤 사람은 몸으로, 어떤 사람은 글로, 또 어떤 사람은 생각으로 시들을 쓰면서 읽는 것이다. 가볍고 투명한 것으로 환원해 나가기 위해.

사랑

나는
네가 차돌맹이들로
정교히 가라앉아 있을 때만이
맑아진다.

나는
네가 소금분자들로
단단히 맞물려 있을 때만이
맑게 고인다.

네가 그 무슨 영겁의 비밀들을 머금고
지심을 향해 있을 때만이
나는 맑은 호수가 되어
너에게로 흐른다.

아침 옥상에서

밤새 별들에 쓸려
줄줄이 찢긴 네 둥근 가슴에
아침 햇살이 들어온다.

그동안 가슴 한구석에서
담즙만을 받아먹고
살아오던 독사가
서서히 고개를 들어
찢긴 혀로 햇살을 핥는다.

못다 탄 씨앗들이 돌리는 지구 위에서
밤새 귀 기울여 잡아낸 소리.
너의 울음소리.
너의 노랫소리.

살고 싶지가 않다.
죽고 싶지도 않다.

이제 네 가슴 속으로 줄줄이 쳐들어가는
아침 햇살에 놀라

하늘로 까맣게 비상하는 것.
너의 울음소리.
너의 노랫소리.

가슴

각종 쇠붙이들로
꽉 차 있다.

가만히 있어도
따끔따끔 쑤셔온다.

움직이면
철렁거린다.

내년 봄에는 뜯어내
용광로에 다 처넣어 버려야겠다.

우리들의 길

한 겨울 밤
우리들은 아무 말도 없이
밖으로 나왔다.
하늘에는 찢어질 듯이
그것들이 주렁주렁 달려 있었다.
우리들은 함께 언덕길을 오르며
친구들을 이야기했고
이국을 이야기했다.

그때 우리는 다 알고 있었다.
고목을 돌아내려와
길이 끝나는 곳에서는
서로 다른 길을
걸어야 한다는 것을.
이것으로 만족해야 한다는 것을.

안녕.
안녕.
나는 내 길을 걸어나왔다.
우리들이 걸었던 언덕길을

혼자 되돌아왔다.

우리들의 일들을 생각해봤다.
한 발짝 한 발짝마다
밟히는 생각들이
우습기도 하고 재미있기도 하다.
그 때야 비로소 내가 갈 길은
하나 밖에 없다는 생각이 들었다.

현기증이 났다.
하늘을 올려다 보았다.
내가 이 땅에 서 있는 것이
신비로웠다.

내가 가는 길에는 나무들이 서 있다.
돌들도 무언가를 기다리고 있다.
간간이 사람들 소리가 들린다.
나는 이제 그를 고맙게 생각한다.

캠퍼스 밤

열시가 가까워 오면
장례를 지내는 소리가 들린다.
창 틈 연구실 사이로
오늘밤도 그 소리가 또 들린다.

밤마다 학생들은
누구의 장례들을 저토록 지내는 것일까.
라일락 꽃나무 숲 속에서.

그동안 춤추며 뒹굴던
잔디를 파고
무슨 못다 태운 것들을
그리도 많이 묻는 것일까.

아무리 태워도 타지 않는 것이라서 묻는 것일까.
아니면 못난 자신들을 깡그리 다 묻어버리는 걸까.
국가 민족을 장사지내고
대학 스승을 장사지내고
오늘밤은 나를 장사지내고 있는 것일까.

오늘밤은 꼭 문상을 가보아야겠다.

몸

머리에는 여순반란 때 터진
파편들이 잔뜩 박혀 있다.

가슴에는 6·25때 맞은
누런 칼빈 총알이
네다섯 개 박혀 있다.

허벅지에는 5·16때 찔린
칼끝이 깊숙이 박혀 있다.
발바닥에는 5·18때 밟힌
유리조각들이 총총히 박혀 있다.

어디 그뿐이랴.
핏속에는 일제 때 침투한
세균들이 득실거린다.

서울달

너무 많이 마셨다.
오늘밤은 아내를 위해
귀갓길 어린이 놀이터에서
자정 넘도록 그네를 탔다.
달 속에서 아내와 함께 그네를 탔다.

신혼여행 때 바다 앞에서
처음 같이 불렀던
그 노래를 하며
그네를 탔다.

세상이 싫어
잔디 위에 누워 버리면
좀 떨어져 있는
벤치에 앉아
먼 곳을 바라보며
노래를 부르던
그 사람 속에서
이제는 계수나무 위에서
휘파람을 불며

혼자 놀았다.

낮에 집 아이들이 타다 간
그것을 타며
우리는 함께 노래를 불렀다.

첫사랑

그것은 빛이었다.
직진이었다. 반사였다.
굴절이었다.

그 후도 그것은
무수한 직진, 반사, 굴절을 계속해가다
결국 납덩이로 뭉쳐
가슴 속 핵으로 박혀 있다가는
날씨라도 좀 이상하면
핵분열을 일으켜
빛으로 가슴 속 텅 빈 공간을
가로질러 밖으로 튀어나오곤 한다.

지금도 그것은 세포들 속에
깊숙이 박혀 있어
직진, 반사, 굴절로
파동쳐온다.

생활

집에서도 직장에서도
악마와 함께 살아간다.

식사도 같이 하고
모여서 같이 이야기도 나눈다.
때로는 같이 마시기도 한다.

그것은 단칼에 내 목숨을
앗아가지 않는다.
가까스로 한 치 한 치 내 몸을
좀먹어 간다.

같이 마시고 같이 이야기는 나눠도
악마가 돼 볼 생각은 추호도 없다.

이제는 그것들을 사람으로 만들어 볼 생각도
칼을 들 생각이나 터를 옮길 생각도 없다.

그냥 악마들과 더불어
같이 살아가 보는 거다.

결투를 벌일 때는 벌이며
살아가는 거다.

급소를 알아가며
찌를 연장도 장만해 가는 거다.

산다는 것은
악마들을 길러가는 거다.
술도 사주고 밥도 사주고
이야기도 해주고 달래도 주며
잘 양육해 가는 거다.

짝사랑

샘물이다.
작지만
끝없이 솟아오르는
샘물이다.

가만히 들여다보면
항상 가슴 설레는
처음들이다.

잔잔한 미소는
무엇을 의미하는가.
그 심연은 어딘가.

단순하지만
들여다보면 말할 수 없이 섬세하고
투명하지만
손을 넣어보면 한없이 깊다.

거리

너와 나 사이에 거리가 있어
전화를 걸면
너는 내 귓전에 와서 속삭여댄다.

너와 나 사이에 거리가 있어
전화를 걸지 않으면
너는 내 마음 속에 들어와 속삭여댄다.

너와 나 사이의 거리가 얼마나 될까
잣대를 들면
너는 내 생각이 된다.

형규에게

우주인은 내가 보려고 하는 것 밖에는
보여주지 않더구나.
내가 들으려 하는 것 밖에는
들려주지 않더구나.

여기에 있는 이유가 무어냐고 물으니까
그것은 네가 생각해 본 것이 답일 거라고
말하더구나.

너의 세계는 어떤 곳이냐고 물어보니까
너에게 보이는 것이 바로 내 세계라고 말하더구나.
얼마나 슬퍼
어젯밤 그리도 울부짖었느냐고 물어보니까
너만큼이나 슬펐다고 말하더구나.

사십중반

슬프다면
부끄러울 나이에
정작 움직일 수 있는
내 범위는.

퇴근길 정장 차림으로
포장마차 한 모퉁이에서
사람들 사이에 끼여
소주 서너 잔.

한 두 마디 던지다
알게 모르게
돌아가는 길
그 길의 진폭은.

밤여행

오늘밤도 나 혼자
괴물들 사이를 빠져나간다.

비바람은 자동차 유리창을 몰아치고
도로변 나뭇가지들을 뒤흔든다.

여긴 어딘가.

먹구름이 독사 혀처럼
갈기갈기 찢기고 또 찢기는
그런
낮은 하늘 아래를
고개를 번쩍 쳐들고 소리 없이 달린다.

지금은 어디쯤을 달리는 것인가.

이 형형의 괴물들 골짜기를 빠져나가면
그 다음은 어떤 곳일까.
여기에는 아직 어머니가 생존해 계시고
아내와 아이들 그리고 사랑하는 사람들과

나의 행복을 기원하는 사람들이 있다.

검은 지구를 타고 현란한 우주를 타고
무엇을 하러 어디를 가는 것인가.

비바람은 아직도 끊임없이
낯선 창을 때리고
먹구름은 괴물들의 골짜기를 타고
독사새끼들처럼 까맣게 엄습해 온다.

출근

나는 사회주의자다.

새벽이면 작업복을 입고
괭이와 삽을 메고
동쪽 일터로 나간다.

빨갛게 딱 벌린 악어의 입을 향해
행군을 시작한다.

남극 하늘 딱 벌어진 오존층을 넘어
여기저기에서 십자로 빛나는 구슬문을 지나
내가 완전히 없어져 버릴 때까지
행군해 간다.

아내

문을 꼭 닫으라고 하니까
문을 열지 않는다.

반찬에 기름을 치지 말라 하니까
기름을 사지 않는다.

머리를 잘 빗으라 하니까
머리를 깎아 버린다.

색깔이 짙은 옷을 입지 말라 하니까
옷을 입지 않는다.

구두가 맘에 들지 않는다 하니까
구두를 신지 않는다.

그래서 이제 아내는
보이지 않는 곳에서
소리만 내는 바람이 됐다.

놀이터에서

모래에 툭툭툭
떨어진 선혈.

그 속에 까맣게
얽혀 있는 것
까만 핏청.

금강석.

한 모서리가 일시에
가슴을 긋고
눈부시게 빛난다.

구두창으로 밟아 짓이겨 버릴까.
슬그머니 외면해 버릴까.

주워서 연구실에 가져가
정밀분석해볼까.

마음

바람이 없어도 항상 출렁거린다.
통유리 너머로 빤히 내려다보인다.

바람이 좀 있는 날이면
거센 파도로 일어나
포말로 산산이 부서져 내린다.

모래에 쓸리고
방파제에 찢겨
항상 상처투성이다.

그래도 겉에는 배 한 두 척은 항상 떠 있고
속에는 물고기 떼도 적잖이 돌아다닌다.

시인

새벽이 오기 전
검푸른 하늘과 산 사이로
고개를 쳐들고
몸을 세우고
빙빙빙 돌아가는
검은 지구를 내려다본다.

코브라.
가끔 날름대는 혀로
만들어지는 말들이
먹구름 조각들로 갈라져 날아가고
그 몸뚱이를 지나가는 먹구름들도
혀나 말들처럼
갈라져 나간다.

새벽이 오기 전에
그것은 왜 떠나려 하는가.

그 누구도 아직 올라가 본 적이 없는 곳에서
푸름한 잿빛 새벽에

고개를 불쑥 쳐들고
몸을 꼿꼿이 세우고
아직도 멎지 않은
검푸른 지구를 내려다본다.

샘

양 산줄기 사이에
도톰히 돋아나 있는 것.
그 산자락 움푹한 곳을
항상 흥근히 적셔주는 것.

뼛속 불순물이 빠져나와
고여 있는 곳.
상흔들이 안으로 빠져나와
푸르름 고여 있는 곳.
절간도 아닌데
왜 이리도 시원한 건지.

누가 와 그들을 펑펑 구둣발로 차도
이제는 그저 시원할 뿐이다.
옛처럼 하늘로 터져 나오지는 않아도
이쪽편 산자락에 누워
내려다만 봐도
동굴 안처럼 몸이 시원해 온다.

직장

한곳에만 있다 보니까
이제는 사람들의 뒷면만 보인다.
말도 뒷말만 들린다.

만나도 그만 안 만나도 그만.
한 두 마디 던져도 그만
안 던져도 그만.

너나 나나 다 쇠똥이다. 말똥이다.

이제는 보일 것은 다 보였다.
볼 것도 볼 만큼 봤다.
물건들 사이를 거닐 뿐이다.

밟아도 될 것은 밟고
좀 튀어나온 놈은 피해가면 그만이다.

요즘은 위에서 무엇이
떨어져 내리면

물건들이 떨어져 내리는갑다.

그저 치우면 그만이다.

인간

인간들은 길을 걸을 때
자주 땅을 내려다본다.

간간이 앞도 바라다본다.
뒤도 돌아다본다.

그러나 하늘은 좀처럼
올려다보지 않는다.

어쩔 수 없을 때만
올려다본다.

소나무

산자락 황토밭에
솟아 있는 소나무.

눈으로 녹여내고
비로 씻어내도
잎 끝마다
박혀 있는
어머니의 목소리.

산마루 하늘 위로
솟아 있는 소나무.

별으로 짜아내고
바람으로 털어내도
잎 끝마다
박혀 있는
어머니의 숨결.

이정표

길 한 모퉁이에
누군가 세워놓은
넓적한 황토바위.

그 위에 온종일
쏟아져 내리는
내 초가을 햇살이여.

바라다보면 아득히
눈부셔 오는
내 까만 졸음들이여.

여인

치마폭에 수북이 쌓인
노란 도토리 알맹이.

전화를 받고서
멍석에 앉아
껍질이 벌어진 것들을 골라내
손톱으로 어금니로 까낸 것들이
검은 치마폭에 산만큼 쌓인
눈부신 것들.

태풍이 있었던 그 다음날 아침
피 묻은 총알 같은 것들을
주우면서도
그 사람의 것들을 얼마나 생각했을까.

도토리 산자락에
동화처럼 쌓인 말껍질들.
무슨 변명이 필요하겠는가.

수화기 속에서는 아직도

말들이 쏟아져 나오고
입에서는 새빨간 껍질들이 터져 나와
샛노란 알맹이들이 치마폭에 쌓여
가슴까지 차오른다.

말

일단 입에서 나오면
빛만큼이나 빨라
전혀 손을 쓸 수가 없다.

손에 잡혔다 해도
틈바귀로 빠져나가
벌써 저쪽에 있다.

부딪치면 즉각 사방팔방으로 반사한다.
간혹 흡수될 때도 있다.
그러나 그것을 흡수한 놈은
벌겋게 달아오른다.
결국에는 매연을 뿜는다.
암으로 살에 박히기도 한다.

부딪치면 굴절도 하고,
두터워지기도 하고 얇아지기도 한다.
그래도 속도에는 변화가 없다.

강한 것과 약한 것이 부딪치면

서로들 꼬여
결국 마음이 되기도 하고 물건이 되기도 한다.

그것은 절대로 그냥 풀리지 않는다.
절차를 밟아
우선 푹 울려야 한다.

유월

바람에 나부끼는
살구나무 이파리

새가 됐다가
펑 뚫린 하늘로
한없이 날아간다.

바람에 나부끼는
살구나무새.

이파리가 됐다가
펑 뚫린 가슴으로
한없이 날아든다.

내일

아마도 내일은
살아온 것으로
살아갈 것이다.

남은 것만큼
더 사는 것이 아니다.
산 것만큼
더 살아갈 것이다.

빛을 핥는 뱀에게

I

너의 빨간 그 눈을
아무리 들여다봐도
그 때는 네가 무엇을 말하려는질
결코 알 수 없었지.

네가 항상 바라다보고 있던
내 등 뒤 창 너머 엄마에 대한 말이었는지.
언제나 늦는
아빠에 관한 것이었는지.
아니면 우리가 처음 만났던
그 적작약 꽃밭 속
친엄마를 두고 하는 말이었는지.

무언가의 몸 속 가득 찬 말들을
차마 뱉어내지 못하는
네 연분홍 입술에
날름대는 혀 그림자만이
드리워졌다가는 사라지고

또 드리워졌다가는 사라지고
당시 우리 사이는 온통 투명한 시간들 뿐이었었지.

내가 너를 닮기 시작한 것은 언제부터였을까.
항상 나에 대하여 공격이나 방위의
자세를 취해 오던 네가
어느 날 문득 나에게 등을 돌리고
친엄마가 들어가 영영 나오지 않았던
적작약 꽃밭 속으로 사라진 후부터였을까.

작약꽃 앞에서 밤낮 십년을 웅크려 앉아
창 밖으로 쏟아지는
엄마의 검은 말씨들을 주워 먹으며
건너편 언덕 숲길을 바라다보다
결국 나는 네가 되었지.

길바닥 여기저기에 떨어진
검은 것들을 주워 먹으며
한동안 마을 어귀를 기어다니다
서울로 나왔지.

가로등 밑을 기어다니며
검은 것들을 다 주워 먹었지.

Ⅱ

종로 2가 한 모퉁이에서
또 십 년을 틀어 앉아
검은 것들이라면
사람들 구두창에 달라붙은 것들까지도
차라리 다 핥아먹었지.

혀가 콘크리트 바닥에 찢겨
더 이상 말이 나오지 않았지.
내 앞에 하얗게 눈이 쌓인 날에는
아침햇살에 양 귀도 툭툭 떨어져 내렸지.
그때 내 새끼발가락에 떨어진 햇살 속에서
다시 너를 발견하였지.

처음에는 네가 햇살에 엉켜 있었지.
햇살에 갇혀 꼼짝도 못하는

너를 내려다보며
손님을 하나 더 치루고 나니까
발 밑에 은화 한 닢이 떨어져 있었어.
그것을 주우려는 순간
땅바닥에서 벌떡 일어나
햇살을 타고
빛으로 환원해 나가는 너를
나는 보았지.

그때부터 나는 머리를 버쩍 쳐들고
사람들의 소리를 들으며
그들 뒤를 따라다녔지.
그들의 서글픈 발가락들을 어루만지며
온 지상을 마구 휘젓고 다녔지.

거리 여기저기에는
우리들이 얽혀 널려 있고
내 새끼발가락 이야기들이 웅크려 앉아 있었지.
그것들은 지상에 떨어진 모든 것들을
다 주워 먹고는 생각에 잠겨 있었지.

자살기도를 꿈꾸고 있었지.

방향을 강어귀로 돌려
일직선으로 나가서 잠수한다?
하얗게 썩은 나무뿌리를 타고
땅으로 들어가 지심을 향한다?
그 악마의 발꿈치를 깨물고 감금됐다가
수의를 벗고 아침햇살을 핥는다?

Ⅲ

이제 창 너머 엄마와 아빠의 방은 텅 비었지.
그동안 너는 그 방을 드나들면서
그들의 옷들을 벗기고
살가죽을 뜯어내고
세포 속 검은 것들을 발라내왔지.
이제 남은 것은 그들을 기억하는
우리들 뿐이지.

엄마가 오시기 전에는

땅은 황금이었고 하늘은 비취였었지.
그 사이를 아침마다 오늘처럼 네가 찾아오면
아빠는 항상 긴 그림자를 떨구고 거리로 나갔지.

저녁 때면 친엄마가 끌려갈 때도 있었지.
그 때부터 너는 검은 말들을 나에게 주워 먹였지.

오늘 아침 네가 감옥 창 틈새를 타고
내 방까지 들어와
나를 찾아내 나의 승천을 유도해냈지.
그러나 나는 그것까지는 원치 않았지.
그래서 사실 네가 나를 찾아내
내 몸을 줄곧 애무했어도
나는 발끝 하나 움직이지 않았지.
그러나 너의 끈질긴 애무 끝에
그동안 차가울 대로 차가워진
뼈매듭들이 하나 둘 풀려
너를 향한 움직임들이 시작되었지.

나는 콘크리트 바닥에서 일어나

내 갈라진 혀로
그동안 몸뚱이에 정교히 수놓아진
내 어두웠던 시간들을
내 움직임 하나하나 속에서 읽어내는
너의 투명한 몸을 핥았지.

너는 나의 승천까지의
내 모든 것들을 소상히 읽어내는 네 눈으로
내 빨간 눈을 들여다보며
나의 생각을 이야기했지.

그 분들이 차마 뱉어내지 못한
사랑의 말들을 끌어냈지.
말들의 장난을 이야기했지.

물건들

바라다보니까
꿈틀거린다.
봐 주니까
죽 죽 커 올라온다.

이제는 고개만 돌려도
죽었다가도 벌떡 일어난다.

지나만 가도
새 옷을 입고 화장을 하고
죽을 각오로 튀어 나온다.

오늘은 오는 사람도 없고
갈 곳도 없어
굼벵이처럼 기어나와
차돌처럼 카페 한 구석에
처박혀 있으니까
그것들이 찾아와
자신들의 사연들을 이야기해 준다.

여름이별

콘크리트 바닥에
달랑 하나 떨어진 그림자

흑장미.

무지개다리를 지나
돌아오는 길에서 만난
길게 늘어선 장난감 같은
검은 세월들
그 속을 빠져나온 악마.

오늘에야 그것이 옛주인의
오른쪽 손아귀에
잡혀 사정없이 아슬어진다.

하늘

쓸어도 쓸리지 않는다.
나를 향해 더 파랗게 솟아난다.
빙빙빙 북더기 속에서도 파랗게 자라난다.

자라났다가는
야속한 칼날에 또 잘리우고
무정한 발굽에 또 밟히고
그래도 오직 나를 향해 파랗게
솟아난다.

그런 너는 누구냐.
잘라도 잘리지 않는
찢어도 찢기지 않는
태워도 타지 않는
너는 무어냐.

털어 버리려고
머리통을 암만 흔들어 봐도
털리지 않고

보지 않으려 외면해 봐도
보지 않을 수 없는
너는 누구냐.

떠나가면 갈수록
더 가까워지고
점점 더 파래지는
너는 과연 무어냐.

길을 걸으며

남들은
땅만 쳐다보며 걸어가는데
나는 지금까지
하늘만 쳐다보며
걸어나왔다.

밤에는 휘영청 달려 있는
별들만을 쳐다보고
낮에는 온갖 잡것들로
밀려오는
구름들만 쳐다보며
걸어나왔다.

그동안 땅 한 번 제대로 밟아보지 못한 채
여기까지 걸어오고 말았다.

이제부터는
땅에 있는 것들을
손으로 하나하나 만져가면서
한 발짝 한 발짝 밟히는

땅을 느껴가면서
걸어야겠다.

속죄

오늘은 오후 내내 창가에서
거울을 가지고 혼자 놀았다.

아이들은 학원을 갔고
아내는 부재 중이다.

아내의 화장품그릇을 본 것이
잘못이었다.

한 번 아내의 세계를 들여다봤다가
거울에 비친
한 수상한 남자의 얼굴을 발견하고 말았다.

좀 이상한 느낌이 들어
창가로 나와
거울로 남자를 찾아보았다.

건너편 학원 벽이며 건물 옥상을 비춰보았다.
남의 집 벽을 타고 창문을 들여다보았다.

처음에는 아내의 어깨를 비춰보았다.
막판에는 손과 발을 마구 비춰보았다.
아무리 비춰도 소용이 없다.

끝내는 온 세상을 두루 다 비춰보았다.
길 가는 사람들의 어깨도 만져보았다.
하늘도 갔다 왔다가
저 아래 채전밭 어머니의 검은 치마폭까지도
비춰보았다.

4월 아침

또 그것이 소복이 내려앉은 부산한 아침
아직도 끊이지 않은 불안한 숨결들
그것들에 짤려, 옆에 내동댕이쳐진
내 슬픈 양 팔목들이여.

푸르스름 오무라든 손바닥에는
그래도 금빛 먼지를 타고 내려와
실핏줄들을 일깨우는 소리들이 자욱하다.
빵빵 윙윙 붕붕 부웅웅
울 밑 까만 난초 서너 잎들은
그것들에 찔려 파닥거린다.

아직도 아이들이 일어나지 않아
갓 햇살을 탄 꿈들을 난도질하고
겹겹이 치밀려 오는 것들을 썩둑 잘라 버리고
땅바닥 이쪽으로 한 발짝 더 내려와
찬물을 씁씁히 한 잔 더 마셔 본다.

삶

산다는 것은
사실은 여기저기 떨어지는
저 별똥들만큼이나 짧아,

그만큼 쉽고
그만큼 빛나고
그만큼 도도한 것인데.

그런데 왜 이리 무겁고
한없이 취해 오는지.

산다는 것이 사실은 이게 아닌데.
다들 저 별들만큼이나
순수한 건데.

그렇기 때문에 그만큼 또
가벼운 건데.
그런데 이것이 왜 이리 독하고
또 맛있는 건지.

연구

모르는 것들이 있어야 한다.
그래야 사람은 안전하다.
그것들이 요란한 창으로 가자.
눈과 귀도 그것들에 감싸여 있어야 한다.
그래야 움직여 갈 수가 있다.
맛들도 느낄 수 있다.

모르는 것들이 흩뿌려진 곳으로 나가
그것들을 바라다보자.
그래야 살아갈 수가 있다.

이곳은 구리스가 발린 빤한 장소.
움직여 보려고 해도
잡히는 것은 비계덩이 뿐이다.

풀냄새, 흙냄새, 탄냄새, 그리고 사람냄새들.
그것들 너머
파란 반딧불 요란한
무지의 창가로 가자.

언덕길

바람맞이 언덕길.
한 번 더 일어나 걸어보는 거다.
신기하지 않느냐.

눈발이 박혀 겨우내 녹지 않다가도
그래도 때가 되면
어여쁜 것들이 돋아나고
사연을 물고 오는
노란 청솔잎이 깔리고
때로는 향긋한 말들도
수북이 쌓인다.

재미있지 않느냐.
한 번 더 일어나 걸어보는 거다.

슬픔

나는 슬픔을 말하는 사람보다
그것을 간직하는 사람을 더 좋아한다.

슬픔을 간직하는 사람보다
그것을 아는 사람을 더 좋아한다.

슬픔을 아는 사람보다
슬퍼할 줄 아는 사람을
나는 더 좋아한다.

타협

그에게
모질지 못했던 것은
결국 나를 위한 것이었구나.

결국은 내가 죽기를 원치 않는다는 것이었구나.
내가 끊기를 원치 않는다는 증거였구나.

그렇다면 그것은 나의 허세였구나.
살기 위한 또 하나의 방법이었구나.

내 잘못을 인정한다.

희망

파란 모순을 가르고
그것들은 날아갔다.
흰 콘크리트 광장에 까맣게 박힌 것들을
내려다보며
저 멀리로 날아갔다.

그러나 결국은 까만 머리칼 속
검붉은 오만을 휘젓고
끝없이 날아가다가
어느새 말라타가는 갈색 장미의
그 슬픈 입술을 넘지 못하고
이쪽으로 까맣게들
떨어져 내린다.

눈꺼풀 겹겹이 싸인
그 검푸른 가슴 속들을 내려다보며
두 눈 채 감지 못하고
이쪽으로들 떨어져 내린다.

내 초가을 산등성 너머로
그것들은 까맣게들 쏟아져 내린다.

조감도

남자가 땅에 발을 들여 놓으면
여자가 발목을 잡는다.
남자가 땅에 손이라도 댔다 하면
여자가 몸으로 둘둘 말아
단번에 그를 삼켜 버린다.

마을 사람들은 연년이 그 광경을 보고도
늘상 모르는 체한다.

그것을 보다못한 태양이
마을 어른들을 삶아 먹고
결국 남자도 여자도 다 볶아 먹는다.

우리집

우리 초등학교 뒤에는 큰 산이 있다.
그 산너머는 우리 동네다.

봄소풍 때면
전교생이 그 산을 오른다.
가을 산싸리씨 채취 때도
우리반 전원은 그 산을 올랐다.

가끔은 나 혼자 오를 때도 있다.
그 때마다 책가방을 메고
우리 동네를 내려다본다.

고향을 떠난 후에도
나는 자주 그 산을 올라
우리 동네를 내려다본다.

서울 하숙집에서는 양 손을 베고
이국땅 책상에서는 양 손으로 턱을 받치고
그곳을 내려다보았다.

요즘도 자주 반 아이들 소리들이 소근소근 들려오는
뒷산에 올라
그곳을 내려다본다.
오늘도 소파에 깊숙이 빠져
옆에서 아이들과 아내가 이야기를 나누는 소리들을
간간이 들어가면서
아직도 들려오는 그 소리들을 들으며
우리집을 내려다본다.

어떻게 할까

그것이 끼여 있다.
어떻게 할까.

박살을 내 버릴까
완전 안면몰수해 버릴까
모르는 체 해 버릴까

일단 받아들이고
그것을 서서히 제거해 버릴까.
고스란히 두고 숲 속으로 들어가 버릴까.
하늘로 날아가 버릴까.

거리와 시간을 두고
한 번 서서히 연구해가볼까.

부정

남의 산에서 슬금슬금 나무를 하던 친구들
남의 밭에서 살금살금 무나 뽑아 먹던 친구들
이제는 다들 중앙에서 계장, 과장이 됐다.
국장이 된 친구도 있다.

일본놈과 내통했다는 집이라 해서
고구마밭을 짓이겨 버리고
닭장을 털어 버려도
도둑짓을 한다는 생각이 들지 않았다.

지금은 그 친구들
중앙에서 무엇 생각을 하며
또 무슨 콩서리, 참외서리, 배서리, 닭서리를 하면서
살아가고 있을까.

신생

아예 뿌리채 뽑아 버리자.
흙덩이 속 실뿌리 한 올까지 다 태워버리자.

톡톡 탁탁 떨어진 씨알 한 알까지
남김없이 다 태워버리자.

봄이 와도
숯덩이들만 바삭바삭
밟히게 하자.

무언가 처음부터 문제가 있었다.
한 몇 억 년 동안은
푹 묵혀두는 편이 좋겠다.
검은 별, 붉은 별, 흰 별들이 다
쏟아져 내릴 때까지 기다려보자.

그 후에나 다시 한 번 생각해보자.

별장

여분의 돈이라도 좀 있으면 좋겠다.
땅이라도 한 두 평 있으면 좋겠다.

그곳에 내가 들어갈 구덩이라도
하나 파두었으면 좋겠다.

적적한 날에는 그곳에 들어가
노래라도 부르게.

앞으로는 그곳이나 열심히 드나들다가 가게.

천인호(天仁號) 선상에서

배가 움직이니까
몸 속에 박혀 있던 헛것들이 터져나와
선상에서 멋대로 날뛰고 있다.

너는 무엇이냐
무엇하러 되놈나라엘 가느냐.

심봉사 외치는 소리
몽고족 말굽소리
치마 저고리 찢기는 소리
심청이 인당수로 떨어지는 소리.

타오르는 가슴 속 저 아래서
출렁이는 벽란도 저 앞바다에서
오늘은 서해바다 헛것들이
자기들 세상을 만났다고
꽹과리 징을 치며 호적을 불며
천진 앞바다로 향한다.

형이상학의 꿈

글씨를 쓰고 있는데
오른쪽 손목이 하늘로 펄렁 날아가 버린다.

말을 하고 있는데
혀가 땅으로 툭 떨어져 버린다.

책을 보고 있는데
왼쪽 눈동자가 펑 터져 버린다.

이거 저거 다 없어진 상태에서
책상 앞에 앉아
지난밤 꿈을 생각해 본다.

1995년 서울 블루스

이십여 년만에 지방선거가 실시됐다.
그동안 민자가 그것을 반대해 왔었다.
선거 결과는 민자의 참패로 끝났다.
시장에 민주가 낸 서울 포청천이
당선됐고
서울 23구 중 21구가 다 민주였다.

선거결과가 완전히 드러난 그 날
삼풍이 무너져 내렸다.
이상한 일이다.

민자를 당선시킨
시민의 관심이 집중된
강남 서초구의 한 백화점이다.
이상한 일이다.

무너진 콘크리트 벽 속에서
집단으로 살아난 사람들이 있었다.
건물 지하에서 일하던 청소부들이다.
이상한 일이다.

생존자 탐색 과정에서 세 젊은이가 살아나왔다.
강남 8학군인데도
하나는 전문대생
둘은 고졸 출신들이다.
이상한 일이다.

부자촌이었는데도 그들은 다들 가난했다.
그렇지만 다들 심성이 착한 젊은이로 보도됐다.
이상한 일이다.

그들을 구제하는 데
결정적 역할을 한 것은
미군 첨단장비가 아니었다.
민주 지지기반 지역 출신의 한 교수였다.
이상한 일이다.

그러나 생존 탐색 작업이 진행되는 과정에서
전국적 민주는 붕괴되고
민자는 복원돼 갔다.
이것도 이상한 일이다.

우리에게는 정말
무언가가 있나 보다.

문제

그것들을 왜 싫어하느냐
문제는 너에게 있다.

반감을 만들어 상심할 필요까지 있겠는가
문제는 너에게 있다.

꽃이 빨간 것도
하늘이 파란 것도
이유를 곰곰 생각해 보면
결국 원인은 너에게 있다.

문제는 그것들을 대하는
바로 너에게 있다.

노동

일과를 끝내고 집으로 돌아와 누워 있으면
몸이 꼬인다.
바람이 부니까
몸이 종이처럼 날아가고
생각은 돌처럼 박혀 있다.

나는 전생에서 무슨 죄를 졌을까.
바람이 살갗을 스친다.
오늘밤은 바람도 방향이 없다.
하늘이 찢어졌는가 보다.

너는 전생에서 무슨 죄를 졌느냐.
이미 내일이 와서 옆에 누워 있다.
끝이 보인다.
뒷면이 보인다.

제주사람

"제주사람이라더라."
일본서 오신 외할머니 말씀이다.

일본서 처녀시절을 보내신 어머니로부터도 그 말을
한 두 번 들어본 적이 있다.
"제주사람이라더라."

"제주사람은 어때요?"
다시 한 번 어머니께 여쭈어 보려다
"어쨌다더냐, 좋지."라는 소리가 들려오는 것 같아
결국 말을 꺼내지 않았다.

제주시에 있을 때
어머니의 그 소리가 오늘처럼 또 들려와
동문통을 지나 방파제로 나가서
시멘트바닥에 귀를 대봤다.

길을 걸으며 소근거리는 소리들
둘러앉아 속삭이는 소리들
어둠 속에서 귀가 따갑도록

외치는 소리, 울부짖는 소리들.

육지를 향해 일본을 향해
외치는 소리들.
태평양을 향해, 미국을 향해
외치는 소리들.
하늘을 향해
울부짖는 소리들.

이제는 외할머니, 어머니의 그 소리들 속에서
제주사람들의 긴 이야기를 듣는다.

말씀

네 할 일이나 착실히 해가면
되지 않느냐.

그러다 보면 드러날 것은
자연히 드러나는 법이다.

드러낼 것도
자연히 없어지는 법이다.

어머니와 아내

지금은 어머니와 아내 중에서
누가 더 나에게는 체중이 무거운가.

신혼 때까지만 해도
어머니의 체중이 더
무거웠었다.

신혼이 끝나고
또 아이들을 갖게 되자
아내의 체중이 부쩍 늘어났다.

저울대가 평형을 이루었을 때는
언제였던가.

집을 나올 때
잘 다녀오라고
어머니와 아내로부터 자연스럽게
인사를 받는 나이가 된
지금은 어떤가.

그대의 눈망울이 빛나는 것은

그대의 눈망울이 빛나는 것은
촉촉이 젖어 있는 각막에
빛이 쏟아져 내리기 때문입니다.

각막이 항상 젖어 있는 것은
못다한 것들이 있기 때문입니다.
그곳에 빛이 쏟아져 내리는 것은
못다한 것들이 그만큼 쌓여 있기 때문입니다.

못다한 말
못다한 이야기들이
올올이 정제되어
반사되기 때문입니다.

제5부

시 해설

제1장 내면성의 시

— 김채수 씨의 詩에 부쳐

金 禹 昌
(문학평론가 · 고려대명예 교수)

[1]

그 주된 기능을 무엇이라고 규정하든 간에, 문학이 인간의 내면성에 깊이 관계되어 있는 것은 틀림이 없다. 문학은 다소간의 차이는 있을망정 어떤 경우에나 사람의 마음속에 있는 것을 말로 표현한다. 이것은 인간 존재의 특징에서 유래한다. 사람은 밖으로 보이는 대로의, 밖에서 작용하는 물리 법칙의 지배하에 있는 것으로 설명되어 버릴 수 없는 존재이다. 그는 스스로 지각하고, 느끼고, 생각하고 또 의도하는 존재이다. 이러한 것들은 사람의 안에서 일어나는 일들로서, 겉모양만으로는 알 수 없는 것들이다.

사람이 내면적 존재라는 사실은 중요한 실제적 의미를 갖는다. 느낌이나 생각에 대한 고려 없이, 외면적으로 힘이 가해질 수 있는 존재로 취급되었을 때 사람으로서의 우리의 느낌은 크게 손상된다. 사람이 물건처럼 취급되어서 아니 된다는 것은 이러한 내면적 존재로서의 인간이 존중되어야 한다는 말이다. (시인들의 직관에 의하면, 세상의 모든 것은, 특히 생명이 있는 존재는 내면성을 갖는다. 그러니만큼 그것은 존중되어 마땅하다. 그러나 일단 도식적으로 말하여, 사람의 내면성은 물건들의 외면성에 대립될 수 있다.)

모든 윤리적 명령은 인간을 내면적 존재로 간주하여야 한다는 요청을 포함한다. 그리고 전통적으로 이 요청을 구체적인 방법으로 깨닫게 해주는 데 큰 역할을 해온 것은 문학이었다. 다만 오늘에 있어서 인간의 내면성의 표현으로서의 문학이 그 기능을 수행하는 데 어느 때보다도 많은 어려움을 겪고 있는 것은 사실이다.

그렇다는 것은 어느 때보다도 오늘에 있어서 사람은 외면적인 존재가 되었고, 또 당연히 그러한 것으로서 생각되기 때문이다. 오늘의 지배적 문화 속에서, 사람은 한편으로는 그가 획득하는 외면적 증표, 지위나 재산에 의하여 규정되고, 다른 한편으로, 그 쓰임새—극단적인 경우는 거의 물건 아니면 적어도 기계에 비슷한 쓰임새에 따라서 대접을 받는다. 이러한 물질 문화 또는 외면적 문화를 비판하는 경우에 있어서도 인간을 파악하는 방법은 비슷한 경우가 많다. 가령 마르크스주의의 비판적 개념인 착취, 소위 物體化(verdinglichung)는 인간의 객체화와 수단화 또는 일반적으로 외면화를 분석 비판하는 강력한 도구이지만, 다른 한편으로, 마르크스주의 자체가 너무 쉽게 인간을 집단적 범주, 여러 가지 외면적 조건에 의하여 규정되는 사회 통계의 한가지로 보는 경향이 있는 것이다. 문학과 예술에서 내면적 존재로서의 인간의 옹호가 쉽게 가능한 것은 아니다. 인간이 그 외적 조건에 관계없이 내면적 존재로 존재할 수 있다고 하는 것은 그의 내면성을 좁히고 말살하는 외적 조건들을 긍정하고 그 힘을 더 커지게 하는 일이 될 수 있다. 낭만주의적 문학 또는 서양의 심리주의적 문학에서 우리는 그러한 예들을 본다. 또는 독일 문학에서의 〈권력에 의하여 보호된 내면성〉을 생각할 수도 있다.

현대문학은 (특히 서양문학의 경우를 보건대) 어느 때보다도 내면적인 문학이라고 하겠으나, 그것은 내면적 존재로서의 인간을 압살하는 시대적 상황에 대한 하나의 반작용—매우 무력한 반작용이 된다. 그것은 모든 반작용이 그러하듯이 과장되게 마련이다. 그 결과의 하나는 내면성과 과장된 주관성의 혼동이다. 그리하여 낭만주의, 주관주의, 감상주의 등이 인간 존재의 진정한 내면성의 표현으로 생각된다. 여기에 이어지는 하나의 생각은 인간 생존의 외적 조건들이 이 인간의 진실에 별 관계가 없거나 멀리하고 경멸할 대상이라는 것이다. 그러니만큼 그것들은 현상 그대로 있어도 상관이 없는 것으로 되는 것이다.

주관주의의 다른 한 결과는 인간의 주관을 객관에 적극적으로 작용하게 하여야 한다는 생각이다. 여기에서 객체화된 인간에 대하여 주체성으로서의 인간이 강조된다. 그리고 이 주체성은 객관적 세계에 대하여 절대적 우위에 있다고 주장된다. 그러나 이것도 그 과장된 형태에 있어서는 낭만주의의 테두리를 벗어나지 못한다. 그것은 바깥 세상에 대하여 적대적 또는 투쟁적 관계에 있는 주관적 의지의 무한한 항진만을 의미하기 쉽다.

이에 대하여, 내면성은 관념이든, 감정이든 또는 의지이든, 반드시 강조된 주관성을 의미하지 않는다. 그것은 보다 근본적인 의미에서 사람이 이 세상에 존재하는 방식 또는 이 세상이 사람에 대하여 사람과 함께 존재하는 방식을 보여주는 어떤 바탕이다. 사람은 스스로를 세계에 외면화하기도 하지만, 바깥세상을 내면 속에 받아들이기도 한다. 그리고 가장 단순하게 말하여, 이 인상을 세계로 구성한다. 그런 의미에서 일단 지각은 곧 인식이다. 다만 이 지각과 인식은, 시의 관점에서 볼 때, 단순히 이성적 인식이라기보다는 인간이 이 세상에 개입할 때 일어나게 마련인 모든 지향적 작용을 말한다고 하여야 할 것이다. 감각하고 느끼고 생각하는 모든 것이 세상에서의 사람의 삶의 방식의 한 부분인 것이다. 그러나 다시 한 번 우리가 강조하고 있는 것은 지나치게 주관적인 것으로 보인다. 그러나 세상에 존재하는 방식으로서의 우리의 내면성은 매우 객관적인 것이 될 수도 있다. (전통적으로 明鏡止水와 같은 이미지를 통해서 사람들은 마음의 객관적 상태를 표현하고자 했다.) 시적 과정에 있어서 내면과 외면의 변증법적 교환을 많이 생각한 릴케는 “지구는 우리 안에서 보이지 않게 태어날 것을 의지한다”고 말한 바 있지만, 사실, 깊은 차원에 있어서 우리가 세상을 주관화, 내면화한다기보다는 세상이 우리의 내면을 통해서 스스로를 나타낸다고 할 수도 있다. 어쨌든, 이렇게 구성되는 세계는 우리에게 의미 있는 유일세계이다.

詩는 이 세계에 관계된다. 이것은 비단 거창한 철학적 차원에서만이 아니라, 작고 일상적인 차원에서도 그렇다. 릴케의 〈사물의 시〉에서처럼 하나의 술병, 동물원의 동물, 한 송이의 장미는 시를 통하여 우리의 내면적 친숙성 속에 스스로를 알림으로써 그것들이 이루는 세계를 바꾸어 놓는다.

詩의 이러한 효과는 예술 전반의 효과이기도 하다. 그 중에도 건축은 세계의 구성에 있어서의 예술의 작용이 단순히 이념적인 것이 아니라 현실적인 것임을 드러내준다. 이것은 환경을 만들어내는 큰 축조물 또는 그것들이 이루는 도시에서도 그러하지만, 작은 최소한도의 건축물의 경우에도 그러하다. 이 최소한도의 건축물 가운데, 우리의 전통적인 정자

같은 것은 예술의 현실적인, 또 관념적 의미에서의 구성적, 또는 형성적 의미를 가장 잘 드러내주는 예로 들 수 있는 것이다. 정자는 대체로 어떤 지형에 있어서, 그 지형의 풍경을 가장 잘 조감할 수 있는 위치에 놓인다. 그리하여 그것은, 지형의 최선의 위치에 놓였다는 사실만으로도 그것을 중심으로 풍경이 구성되게 한다. 그것은 자연 그것에 아무런 적극적 작용이 없이 그것을 미적으로 구성된 향수의 대상이 되게 하는 것이다. 그러나 소위 명승의 경우, 또는 일반적으로 예술에서 출발하여 人口에 널리 회자되는 자연 풍경의 경우도 마찬가지이다. 예술 속에 세계가 새로 태어나고, 그런 만큼 세계는 인간화되는 것이다.

[2]

김채수 씨의 시는 극히 내면적인 시이다. 이 내면성은 오늘날과 같은 어지러운 시대에서 그의 시를 바르게 수용하기 어렵게 할 수 있다.

이미 비친 바와 같이, 내면성은 낭만적 특징이다. 낭만주의는 감정, 정열, 충동 등의 사람의 안에 있는 것들에 가치를 부여하고 이것들을 표현하고자 한다. 그것은 이러한 내면으로부터의 힘이 바깥세상에서 현실적인 힘이 되는 것을 보여주려 하고 또 그것의 실체를 강조함으로써 그것을 인간사에서의 중요한 요인이 되게 한다. 그러나 내면은 밖으로 나아가는 내면적 에너지의 근거일 뿐만 아니라 밖이 안으로 들어오는 공간이기도 하다. 그것은 능동적 작용에 못지않게 수동적 수용성으로서 특정지어지는 것이다. 이 수용성이 완전히 수동적인 상태에 있는 것은 아니다. 밖으로부터의 자극을 받아들이는 것은 언제나 선택적이다. 또 그러면서 주목할 특징은 이 선택이 여러 자극과 자아의 과정과의 복잡한 상호 관계 속에서 이루어진다는 점이다. 그것은 선택적이면서 구성적이다.

밖에서 오는 인상과 충격들은 우리의 내면으로 수용되면서 하나의 세계로 구성된다. 그리고 우리의 내면 그것도 밖에서 오는 자극에 반응하면서 동시에 그것에 의하여 손상되는 것만이 아닌 것으로 구성된다. 물론 이 두 과정은 하나라고 할 수 있기 때문에 구성되는 세계는 그것의 온전한 일부로서의 사람의 주체를 포함하고, 사람의 주체는 그것의 일부로서의 세계를 포함한다고 말할 수도 있다. 하여튼 여기에서 주목하고자 하는 것은 우리의 내면이 감정과 정열의 장이면서, 감성과 반성과 사고의 장이기도 하다는 것이다. 그리고 이 후자는 하나의 분명히 다른 내면의 양상을 이루며, 내면성이란 말은 이 수용적이고 구성적인 마음의 작용을 지칭하는 말로 더욱 적당한 것이 아닌가 생각되는 것이다.

김채수 씨의 시는 이러한 뜻에서 내면적이다. 그의 시는 무엇보다도 反省的이고 관찰적이다. 그것은 스스로를 들여다보는 시, 생각의 시, 또는 그의 표현을 빌어, "생각을 생각하는 생각"의 시인 것이다. 모든 시가 그럴 수밖에 없듯이, 그의 시도 삶의 여러 외적인 계기들을 소재로 하지만, 그것들은 그 계기들에 대한 반성 또는 적어도 반추의 형태를 취한다. 그리하여 그에게 시적 순간은 혼자 생각하는 시간이고, 또 흔히는, 시간의 길고 짧음의 차이가 있는 채로, 사건이 있은 후 조용하게 회상하는 시간이다. 「산」은 이렇게 시작한다.

정년으로 떠나신다는
그분을 생각해보며
한번 혼자 걸어가 본다.

—「삶」의 시작

콘크리트 계단을 몇 내려와
그대 앞에 앉아 본다.

「상경」은 한 사건의 기술로 시작한다.

어머니가 아버지를 뵈러 올라오셨다.

그러나 이 사건은 곧 회상의 내면으로 흡수된다. 그리하여 다음 순간은 중학생이었던 때로 소급한다.

두 분은 중학생 나를 데리고
담장 밑을 지나가셨다.

詩의 의의는 내면의 공간으로 우리를 유도하고 그것을 열어주는 일 그 자체에 있다고 할 수 있다. 물론 이것들은 거기에 합당한 외부 세계로부터의 심상들에 의하여 암시된다. 전통적으로 달빛이 가득한 하늘, 안개 속으로 뻗은 강, 연하 속으로 사라지는 겹겹한 묏부리—이러한 표표한 영상들은, 적어도 그 기능의 일부에 있어서, 세상의 일들을 일정한 원근법 속에서 여유있게 구성할 수 있게 하는 마음을 유도해낸다. 김채수 씨의 시에서 공간과 거리의 암시는 매우 중요한 시적 요소이다. 「밤산책」에서, 이것은 별이라는 전통적 상징으로 표현된다.

하나 살 의미도 없는
이 세상에

머리를 박고 기어오다가
오늘밤은 모처럼 머리를 들고
별나라를 걸어 본다.

「말」은 세상의 저 너머의 공간을 달빛으로 상징하며, 그러한 공간과 일상적 無明에의 침잠을 대조한다.

나오면 나올수록
점점 밝아오는 달빛
나오면 나올수록
점점 어두워오는 세상.

「십일월」은 보다 더 일상적인 환경에 관계된다. 그것은 공사가 중단되고 사람의 거처가 빈 느낌을 주는 가을에 되찾게 되는 자연을 통해서 내면적 구성의 공간을 보여준다.

첫서리에 못다 지은 집들을
인사도 없이 빠져나간 인부들

납덩이라도 쏟아져 내릴 것 같은
십일월 골목길을 빠져나가면
메마른 들풀들이 빛으로 날아가는
눈부신 강둑이 바라보인다.

그러나 김채수 씨는 대개는 이런 심상들의 상징을 통해서가 아니라 더 직접적으로 우리로 하여금 내면의 세계를 느끼게 한다. 그의 시는 무엇을 소재로 하든지, 그 소재의 바탕으로서 홀로 조용히 생각하는 마음의 움직임을 느끼게 하는 힘을 가지고 있다. 그러나 이 마음을 시적 소재로 삼은 경우 이것이 분명하게 드러나게 되는 것은 자연스럽다. 「삶」과 같은 시가 그 한 예가 되겠는데, 여기의 초점은 마음의 경이감이다. 플라톤은 철학한다는 것은 세계의 경이 앞에 멈추어 선다는 것을 뜻한다고 한 바 있다. 이 경이 속에서 세계는 있는 그대로 하나의 세계로서 구성되는 것이다. 경이야말로 세계를 향하여 스스로를 여는 마음의 모습의 원형이다.

콘크리트 계단을 몇 내려와
그대 앞에 앉아 본다.

수면은 평탄하고
밑은 한눈에 훤히 내려다보인다.

수심은 얼마나 될까?
손을 넣어 보면
예상보다 훨씬 깊이가 있다.

그대의 깊이는 자의 눈금으로나
재어질 수 있는 것.

잣대의 눈금은 한금 한금

그대 속에 가라앉고

그대의 수면은 잣대의 목까지 차오르고.

김채수 씨는 「삶」에서처럼 늘 인생의 깊이를 헤아려 보려하며, 헤아려질 듯 헤아리기 어려운 그 깊이에 경이한다. 이 경이 가운데에서 의미가—사물과 더불어 일어나는 사람의 체험의 의미가 탄생한다.

그러나 사물의 의미는 우리가 우리의 뜻대로 부여하는 것일 수도 있다. 말할 것도 없이 사물은 그 자체로보다 사람이 부여하는 의미를 갖는다. 라일락은 김채수 씨에게 특별한 정서적 연상을 가진 꽃이다(「라일락」). 「산」에서, 산은 그에게 정년으로 물러가는 어떤 人士를 연상케 한다.

정년으로 떠나신다는
그분을 생각해 보며
한번 혼자 걸어가 본다.

보이는 것은
나지막이 내려앉은 산들이다.

그런데 존경할만한 노년의 인사가 우리의 삶에 대하여 높으면서도 두드러지지 않은(나지막이 그리하여) 자연 환경에 비슷한 것이 된다면, 우리가 나지막한 산을 대할 때 느끼는 것도 안도감을 주는 대지의 굳건함이 아닐까? 나지막한 산과 어떤 종류의 정년퇴직하는 인사는 서로 치환될 수 있는 관계에 있다. 이것을 가능하게 하는 것은 우리의 느낌이다.

어떻게 보면, 이 느낌에서 산 그것도 의미있게 태어나는 것이다. 이 느낌은 사실 세계의 선험적 양식, 미켈 뒤프렌느의 말을 빌려, 물질적 아프리오리인지도 모른다.

'그리움'은 낭만주의 시에서 자주 보듯이 내면 현상과 자연 현상의 상응을 이야기하고 있다.

비가 내리면 비 따라서
그 거리로 내려가 본다.

바람이 불면 바람 따라서
그 창문을 두들겨본다.

아무리 세게 쏟아져 내려도
지심은 언제나 그리움에 불타고
아무리 세차게 휘몰아쳐도
지상은 끝내 외로움에 잠긴다.

여기의 심상들에서 〈지심〉을 보자. 지상의 기상현상의 격동에 관계없이 뜨겁게 타고 있는 지심—이것은 우리의 내면에 대한 비유이다. 그러나 동시에 우리에게 지심이 의미 있게 존재하는 것은 내면과의 상응관계를 통하여서라고 할 수 있다. 사실 마음속에 변함없이 뜨겁게 있다고 느끼는 어떤 상태—이것은 지심이 존재하는 유일한 인식의 터전인지도 모른다.

우리의 내면에서 탄생하는 의미는 보다 큰 도덕적 의미를 지닐 때 참으로 시적이 것이 된다. 詩人은 눈 내리는 밤에 생각한다.

눈이 내린다.

사강 장터 길을
언제나 가장 무겁고 조심스럽게
밟고 간 사람은 어머니였다.

눈물도 술에도 지워지지 않던
그것들이 오늘밤 까맣게
이쪽으로 쏟아져내려
눈송이에 하나 둘 덮이어 간다.

—「첫눈」 중에서

눈물과 술로 잊혀지지 않는 기억도 잊혀지게 되는 경우가 있다. 마치 눈이 내려 많은 것을 덮어버리듯. 이때 눈은 단순한 비유가 아니다. 첫눈은 대체로 누구나 반가워하는 기상 현상이지만, 그 반가움에는 그것이 가져오는 평화의 느낌이 많이 작용한다. 그것은 고통스러운 추억을 잊게 할 수도 있다. 눈이 내리는 현상에서 반드시 어떤 도덕적 교훈을 끌어내지 않더라도, 첫눈의 평화는 적어도 우리에게 고통스러운 것을 잊게 할 듯한 느낌을 줄 수 있는 것이다. 그만큼 자연의 움직임과 사람의 마음의 움직임은 신비한 연대 속에 있는 것이다. 그러면서 이 경우에 자연과 마음의 상응하는 움직임은 마음에 또 하나의 의미를 깨닫게 한다. 즉 잊음 속에서 추억은 다른 차원으로 되살아난다는 것을. 이 시에서 시인은 눈

오는 가운에 아픈 추억이 잊혀진다고 하면서, 그것을 다시 기억해내고 있는 것이 아닌가! 그리하여 그는

오늘처럼 눈이 내리는 밤에
사강 장터 길로 되돌아가서
옛처럼 무겁고 조심스럽게
어머니의 그것들을 따라가 봐야지

하고 말하는 것이다. 눈이 내리면, 자연의 세부 사항들은 감추어진다. 그리고 눈의 一切性이 지배한다. 그러나 사실상 감추어진 듯한 자연의 세목들은 그 자체로서가 아니라 자연의 一切性 속에 승화된 상태로 존재한다.

자연과 인간의 공존—일치하면서 다른, 이 공존의 의미는 더 본격적 의미에서의 도덕적 교훈이 되는 수도 있다. 꽃이 피고 열매 맺고 또 열매는 떨어지고—이것은 우리가 다 받아들이는 자연의 법칙이다. 그러나 이것이 자연 세계의 모습이라고 하더라도 그것을 하나의 법칙으로 받아들이는 것은 인간이다. (그리고 이 법칙을 인간사에도 확대하여 적용한다.) 그러나 이것은 옳은 것인가?「타락」은 우리가 너무도 당연시하는 일에 대하여 의문을 제기한다.

오늘밤도 풋사과 몇 개가
떨어진 것을 보았다.

이제는 나뭇가지를 흔들던 바람도

정원을 빠져나갔다.

이곳에 온 이래
나는 몇 번이고
떨어진 그것들을 목격해왔다.
그때마다 술을 마셨다.
밤새 사람들과 이야기를 했다.
그러나 오늘밤은 나 혼자다.

언젠가 떨어져야 할 것이
오늘밤 떨어진 것에 지나지 않다.

이런 생각이
자신의 또 하나의 타락이었음을
깨달을 날에도
저녁 바람은
오늘처럼 가지들을 흔들 것인가?

떨어질 것이 떨어지는 것은 당연하다. 이러한 자연 관찰은, 사람에 있어서, 곧 도덕적 교훈으로 연결된다. 풋사과가 떨어지는 것은 당연하다. 인간의 세계에 떨어져야 할 것이 있다. 생존의 適者가 아닌 것들—여러 가지 의미의 弱子들, 생물학적으로, 경제적으로, 정치적 이념의 관점에서 탈락해야 할 것들이 잘리어 나가는 것은 당연한 것이다. 또 이러한 교훈은 사람이 다른 피조물과 자연물을 대하는 데에도 적용될 수 있다.

모든 도덕의 근본은 자연질서 또는 우주질서에 대한 일정한 관찰과 입론에서 나온다. 그렇다면, 위의 도덕적 교훈은 당연한 것이다. 그러나 이 교훈을 끌어내는데 우리는 너무 성급한 점은 없는가. 어쨌든 이 교훈은 부질없이 확대되어 잔인하고 냉혹한 도덕적 태도의 옹호가 될 수 있다. 사실, 이것의 거부야말로 도덕의 근원이며, 참으로 인간다울 수 있는 근거를 되찾는 것이다. 어떠한 微物의 경우에도 그것에 가하여지는 잔학한 또는 냉정한 운명을 거부하는 것이 인간이 취할 수 있는 도덕적으로 바른 태도이다. 그리하여 시인은 "떨어져야 할 것이/……떨어진 것에 지나지 않다"는 생각이 "자신의 또 하나의 타락이었음을" 깨닫는 것이다.

이러한 도덕적 민감성이 부질없는 것만은 아니다. 적어도 그것이 세상을 보다 좋은 곳이 되게 하는데 중요한 일을 할 수 있음은 분명하다. 인생은 냉혹한 것이라고 하는 명제는 냉혹한 세계를 만드는데 한 역할을 한다. 그래서 되겠는가 하고 회의하는 태도는 또 그와는 다른 세상을 만들어 가는데 한 역할을 한다. 인간의 세계에 있어서, 우리의 마음가짐은, 적어도 어느 정도까지는, 존재와 일치하는 것이다.

이것은 더 확대될 수도 있다. 자상하게 보살피는 마음은 자연 세계에서도 무력한 것이 아니다. 원예의 요체는 "풋사과"를 덜 떨어지게 하는 것이다. 그런데 이러한 부분적인 보살핌을 넘어서서, 사람의 마음이 세상의 모든 것을 바뀌게 할 수는 없는가? 기독교의 신화 중의 하나는 자연질서의 잔혹성—춥고 뜨거운 것, 먹고 먹히는 것, 늙고 병들고 이우는 것, 죽음—이러한 것들이 생겨난 것은 인간의 타락에서 비롯했다는 것이다. 이것은 경험적 세계의 인간이 믿을 수 없는 신화이다. 그러나 그것은 생각해볼 수 있는 형이상학적 비전을 담고 있음에 틀림없다. 그리고 그것은 우리를 잔인한 세계의 사실성으로부터 빼어내어 보다 높은 가능성

에로 이끌어간다. 그것은 세상을 보다 살만한 것이 되게 하는데 도움을 줄 수 있다. 또 따지고 보면 모든 떨어져야 할 것들은 떨어지고, 그것으로 끝나는 것일까? 그것을 보다 높고 큰 구도 속의 어떤 의미로서 거두어들여진다고 볼 수는 없는 것일까? 영원한 구도 속에서, 풋사과의 떨어짐은 떨어짐이 있는 시간의 세계로부터 거두어져 시간을 초월한 세계에 들어간다고 할 수는 없을까? 그리하여 시인은 풋사과의 타락도, 마음의 타락도, 타락을 일으키는 바람도 없는 세계에 대하여 물어보는 것이다.

이런 생각이
자신의 또 하나의 타락이었음을
깨달을 날에도
저녁 바람은
오늘처럼 가지들을 흔들 것인가?

「타락」이 말하고 있는 것은, 마지막 부분의 전개가 조금 불충분한 감이 있는 대로, 자연과 인간의 도덕적 존재에 대한 심각한 명상이다. 이 명상은 풋사과가 떨어지는 것을 보는 일로부터 시작한다. 그러나 그것은 외면적 관찰에만 근거한 것이 아니다. 그것은 시인의 내면적 체험에 미묘하게 연결되어 있다. 떨어지는 사과는 분명치 않은 채로 그의 마음을 교란한다. 그것은 그로 하여금 술을 마시게 하고 사람들과의 교환을 구하게 한다. 그러나 그에게 결정적으로 새로운 도덕적 자각에 이르게 하는 것은—사실은 「깨달을 날」은 아직 오지 아니하였기 때문에, 여기의 자각은 그 자각의 端初에 불과하다—혼자 있음의 상태이다. 다른 사람이 떨어져나간 상태 또는 자신이 다른 사람으로부터 떨어져 나온 상태가 그로 하여금 풋사과의 떨어져 나감을 안으로부터 체험할 수 있게 하는 것이다.

이와 같이 이 시는 단순히 세계와 마음이 서로 미묘한 얼크러짐 속에 있음을 말할 뿐만 아니라 깨달음의 과정을 통하여 이를 보여줌으로써, 다시 한 번 그 점을 돋보이게 한다. 바깥 세상은 우리의 마음에 어떤 영향을 준다. 그러나 그것은 동시에 마음에 의하여, 다른 것이 될 수 있다. 그런 의미에서 그것은 원래 마음에 의하여 구성된다고 할 수도 있다. 그리고 이것은 어떤 계기에 한 번 일어나고 말아버린 사건이 아니라 끊임없이 일어나고 있는 것이다. 이 시의 과정 그것이 바로 그러한 구성 행위의 한 범례가 된다.

[3]

오늘의 시대는 내면성을 존중할 수 있는 시대가 아니다. 안으로의 생각과 음미가 아니라 밖으로 미친 듯 회오리하는 행동과 생산과 열광이 오늘의 시대적 특성을 이룬다. 이것은 내면성의 빈곤과 소멸 또는 價値切下로도 나타나고, 그보다도 그것은 우리가 건설하는 공간—모든 것이, 최선의 상태에서는 생존의 필요에, 그렇지 않은 경우, 생산과 금전의 목적에 철저하게 봉사하게끔 설계되는 공간에서 누구에게나 쉽게 증거되는 것이다. 김채수 씨의 시에서 내면성은, 사색의 공간을 얻기는 하지만, 또 바깥세상에서 그에 대응하는 공간을 발견하기도 하지만, 곧 그것을 허용하지 않는 우리의 현실에 부딪친다. 그의 내면성의 외부와의 맞부딪침은 그 나름으로 오늘의 상황에 대한 뜻있는 비판이 된다.

「종로」는 우리 사회의 가장 전형적인 공간이다. 종로를 대표하는 곳은 지하의 다방이다. 거기에는 흙도 나무도 없다. 바람도 비도 없다. 물론 아는 사람도 고향 친구도 없다. 그러나 사람이 완전히 비자연화되고 비개인적이 된 공간에서 살 수 있는가. 따라서 옛 친구를 찾기는 찾게 마련이다. 시인은 말한다.

> 고향친구라도 만났으면 좋겠다.
> 그러나 종로에는 고향친구가 없다.
>
> 새로 친구를 만들 수는 없다.
> 그들도 나처럼 옛 친구를 찾고 있을 뿐이다.

고향은 지리적 공간이며, 내면의 공간이다. 그러므로 그 가장 큰 정서적 의미는 추억이 거기에 서식한다는 데 있다. 오늘의 공간은 자연이 없을 뿐만 아니라 추억이 없다. 그리하여 우리는 옛 친구만을 찾는다. 그러나 현재의 공동체의 소외로서의 옛 친구에 대한 그리움—이것마저도 비자연의 공간에서 생겨날 것인가?

「종로」에서 이미 비친 바와 같이 오늘의 공간의 대표는 지하이다. 「지하도」에서, 김채수 씨는 지하도의 입구에서 해바라기가 쓰러지면서 혀 없는 아이가—울지도 못하고 젖도 빨지 못하는 아이가 탄생하고 죽는 것을 본다. 지하도는 외부세계의 냉혹함에 대한 사람들의 반작용으로 생겨났다.

> 지상은 그들에게도 쌀쌀한 모양이다.
> 햇살이 흙에서 엷어질 때마다
> 지상 벽돌은 한 겹씩 더 두터워졌다.
> 그래서 이제는 벽들도 더 이상
> 두터워질 공간이 없다.

선은 벽으로 들어가고
벽은 더 큰 벽에 쌓이어
이제 사람이 들어설 자리가 없다.

그래서 지하도는 지상의 사생아가 되었다.
……

지하도는 그 나름의 이점을 가지고 있다. 그곳에서 아름다움도 태어나
고 깊이도 태어난다.

지금은 지하도를 이용해야
얼굴이 고와지는 세상이다.
그래서 사람들은 매일 지하도를 걸으며
저마다의 길을 아름답게 설계하고
그것을 더 깊게 파가고 있다.

그러나 더욱 근원적인 것은 지상이며, 지상의 저 위로 허공이다.

지상에 나오면
그것도 허공으로 통한 것임을
깨닫게 된다.

사회적 관찰에도 불구하고, 김채수 씨는 물론 현실주의의 시인이 아니다. 그의 특징은 여전히 내면적 집중에 있다. 그러나 어떤 의미에 있어서

내면성 없는 세계가 있을 수 없다고 한다면, 세계 없는 내면성이 있을 수 없음도 너무나 당연하다. 어지러운 세상에서 내면성은 거의 사라져버린다. 그것은, 한편으로는, 힘들여 외치는 자기주장으로 남으면서 그 풍부함을 잃어버린다. 김채수 씨의 시에서 우리가 어떤 협소함, 빈약함 또는 경직된 냉혹함까지를 느끼는 것은 불가피하다.

릴케가 생각한 바와 같이 모든 사물들이 우리의 내면 안에 태어나고자 한다면, 그러한 내면이 빈약한 것일 수 없다. 오히려 그러한 내면에의 탄생을 통하여, 세계는 풍부함과 섬세함과 깊이를 얻는다. 그러나 어느 한 시인의 힘으로 또는 시인만의 힘으로 이러한 탄생의 작업을 이룩해낼 수 있겠는가? 그것은 사람다운 사회를 만들어가는 역사적 과업 속에서나 기대해볼 수 있는 것이다. 그러나 때때로 어떤 형태로든지 이 인간존재의 참면목이 내면적인 데 있다는 것을 상기케 하는 것은 예나 지금이나 시인의 중요한 작업의 하나이다.

제2장 허형만 — 세상 바라보기와 벗겨보기

— 김채수의 詩世界

許 炯 萬
(시인 · 목포대교수)

[1]

김채수(1949~) 시인은 우리에게 이미 낯선 이름이 아니다. 나이에 비해 등단이 늦어 지난 1988년 그의 작품이 『세계의 문학』에 발표되었을 때, 그의 작품이 유난히도 눈에 띄었던 것은 다분히 내적 성찰의 깊이가 들여다보였기 때문이었던 것으로 기억된다.

그 후 김채수 시인은 그동안 써놓았던 작품을 묶어 첫 시집 『우상의 음영』(문학세계사, 1989)을 발간했고, 이때 그의 작품세계가 그와 같은 직장인 고려대학교의 교수이자 한국 평론계의 대가인 김우창 교수에 의해 '내면성의 시'의 성과를 평가받은 것으로 알고 있다.

이제 김채수 시인은 첫 시집 이후 2년 만에 이번 두 번째 시집 『이제는 여러 많은 것들과의 만남을 위해』(도서출판 청학)를 세상에 내놓으면서 「시를 발견하고」라는 머리말을 통해 우리에게 몇 가지 사실을 고백하고 있음을 본다.

그것은 첫째, 비정상적인 인간으로서의 자신을 정상적인 인간으로서의 자신으로 끌어올리는 훌륭한 도구가 시와 문학이었다는 점이요, 따라서 어떠한 상황 속에서도 정상적인 인간으로 살기를 희망하고 현실을 있는 그대로의 모습으로 바라볼 수 있는 정상적인 인간이 되기를 기원한다는 점이 그 두 번째이다.

시를 포함한 문학의 효용성론이야 재론의 여지가 없거니와 김채수 시인에게 있어서의 시 작업은 인간 세상은 허구성과 진실성을 있는 그대로 받아들이기 위한 유용한 도구로 인식되고 있다. 그것은 곧 세상 바라보기와 벗겨보기라는 수법을 통해 자기 스스로의 내면의 세계를 들여다보기에 다름 아니며 내적 성찰의 불꽃 다스리기에 도달하는 것이라 믿는다.

[2]

"김채수 씨의 시는 극히 내면적인 시이다. 이 내면성은 오늘날과 같은 어지러운 시대에서 그의 시를 바르게 수용하기 어렵게 할 수 있다"

"김채수 씨의 시는 무엇보다도 反省的이고 관찰적이다. 그것은 스스로를 들여다보는 시, 생각의 시, 또는 그의 표현을 빌어 생각을 '생각하는 생각'의 시인 것이다."

"사회적 관찰에도 불구하고, 김채수 씨는 물론 현실주의의 시인은 아니다. 그의 특징은 여전히 내면적 집중에 있다."

이상은 김우창 교수가 김채수 시인의 첫 시집 『우상의 음영에서』를 평한 글이다. 이러한 김우창 교수의 평은 곧 이번 두 번째 시집 『이제는 여러 많은 것들과의 만남을 위해』에서 그대로 맞아 떨어진다.

불개미처럼
생각들이 바글거린다.
요즘은 그때마다 머리통을 흔든다.
봄까지만 해도
아무리 치고 박아도
그것들은 좀처럼 떨어지지 않았다.

그런 것들이 올 여름서부터는
갑자기 주룩 주룩 쏟아져 내린다.

그래서 요즈음은 사람들 앞에서도
자주 머리통을 흔든다.
그때마다 그것들이 똑 똑 떨어져 내린다.

그러니까 세상은 입체로 보인다.
사람들 마음속도 들여다보인다.

—『생각』 전문

'생각'이란 무엇인가. 그것은 의견이나 의도일 수 있고 사고(思考)와 사상일 수 있으며 깨달음이거나 기억, 또는 관념이거나 사려, 상념일 뿐 아니라 느낌이나 상상일 수도 있다. 이 모든 것들 중의 어느 하나이거나 모두일 수도 있다.

이러한 '생각'은 곧 '실존'과 다름 아니다. "그렇다. 나의 최대한의 실존, 팽팽한 실존—앞을 향하여, 보다 앞을 향하여, 또 위를 향하여, 팽팽한 실존을 알게 되는 것은, 나의 실존의 책상 위에서이다"라고 설파한 바슐라르의 「초의 불꽃」의 의미는 김채수 시인에게 있어 곧바로 '생각'과 이어진다. 바슐라르의 "실존의 책상"은 김채수 시인의 현실 세상 바라보기와 그것을 읽어내기 위한 하나의 도구이다.

'불개미처럼' 혼란스럽게 바글거리는 생각의 테두리를 벗어나기 위한 몸부림이 처절하다. 누적되어가는 경험과 매일 매일 새롭게 만나는 삶의 형체들 속에서 시인의 '생각'은 고통스럽다. 그러다가 '봄'을 지나 '여름'에 들어서면서부터 그 '생각들'이 '쏟아져 내림'을 맛본다. 어느 한 계기를 통해 시인의 인식적 사고에 변화가 온 것이다. 그것은 어쩜 세상을 바라봄에 있어서 한 차원 높은 단계의 안목으로 나아간 결과인지도 모른다. 그러기에 '세상은 입체'로 보일만큼 순수의 정신으로 돌아선 것으로 보인다. 더더욱 김채수 시인에게 있어 이러한 세상 바라보기는 '사람들 마음 속도 들여다 볼' 수 있는 맑은 내면 의식을 추스르게 된 결과를 낳는다.

그렇다면 여기에서 김채수 시인이 스스로의 내면의식을 추스르는 방법론적인 인식의 세계는 어떤 양상을 동원하는가.

다음 작품을 보자

여름에는 작업을 시작해야겠다.

시궁창 속에 몸을 담그고
살아오다 보니까
이제는 몸도 시궁창 독사가 됐다.

여름에는 시궁창 속을 파내야겠다.

원래는 속도 하늘이었다.
그러나 울화가 안으로 터져 내려와
쇳물 숫돌물이 안으로 흘러 들어와
속속들이 썩고 녹아 내려서
이제는 입만 열어도 눈이 따갑다.

황토가 나올 때까지
모래가 나올 때까지
파내야겠다.
몸에서도 독을 빼내야지.
피도 빼내야지.
가을에는 백사가 돼야지

—『작업』 전문

이 시에서 김채수 시인의 세상 바라보기는 '시궁창 속'이다. 그 시궁창 속은 원래는 '하늘'이었다. '하늘'로 상징되는 순수와 무구의 세계, 그러나 '하늘'이었던 시궁창 속이, 삶을 살아오면서 ('시궁창 속에 몸을 담그고 살아오다 보니까') '몸도 시궁창 독사'가 되었다고 고백한다. 시궁창과 같은 세상의 잡다하고 번잡하기 이를 데 없는 자신의 삶의 현실을 이만큼 뜨거운 성찰로 발가벗기기란 사실 얼마나 힘든 일인가.

김채수 시인의 내면의식의 드러내기 즉 세상살이의 벗겨보기는 '황토'

가 나오고 '모래'가 나올 때까지 '파내'는 작업으로 드러난다. 그리하여 '독'도 빼내고 '피'도 빼내 끝내는 '백사'가 되고자 함으로 하여 완전 무(無)의 세계, 아니면 공(空)의 세계로 환원되고자 한다. 이것이 바로 원래대로의 순수·무구의 실존적 귀향이기 때문이다. 이 길이 '울화'와 '쇳물 숫돌물'로 상징되는 세상살이와 세계적 인식에 대한 정화의 길이기 때문이다.

그러기 위해서 김채수 시인은 말 한마디라도 '휘두르는 법보다 품고 있는 법을 더 연구'(『말』 중에서)하고, '몸'도 주고 '생각도 버'리고(『동굴』 중에서), 또는 '내려앉은 먼지를 가슴으로 쓸어내'기도(『파도여 나무여』 중에서) 한다.

[3]

김채수 시인에게 있어서 세상 바라보기와 벗겨보기와 내면세계의 심층에 다다르는 특성 외에도 또 하나 우리가 주의 깊게 들여다 볼 수 있는 것은 그것들의 마음이 다사로운 느낌과 감성에 있음을 간과해서는 안 되는 일이다.

언제나 찾아가도 너는 그곳에 있다.
대지에 차분히 내려앉아 있다.

가까이 다가서보면
실바람에도 흔들리고
표정도 차다.

그러나 거리를 두고 바라다보면

너는 언제나 차분히 대지에 앉아
항상 하늘과 이야기를 나눈다.

아침나절에는
흰 옷으로 단장을 하고
해질녘에는
유난히 빛난다.

—『희망』 전문

우리 인간에게 '희망'이란 무엇인가. 그것은 어떤 일을 이루고자 하거나 얻으려고 하는 바람이지 않겠는가. 또는 좋은 일이 오기를 기대할 때 일어나는 감정이지 않겠는가. '언제나 찾아가도' 그곳에 있는 희망이야말로 김채수 시인의 삶의 근원이다. 그 희망은 '대지에 차분히 내려앉아 있다.' '대지'에 차분히 내려앉아 있는 '희망', 그것은 바슐라르가 말한 상상적 에너르기이며 아울러 김채수 시인의 시의 원천이다. 우주 삼라만상이 '대지'와 변증될 때 그것은 곧 생명의 불꽃을 피우는 것이며 그중 찬란히 피어오르는 불꽃은 희망이다.

그럼에도 보라. 희망은 늘 가까이서는 '실바람에도 흔들리고' '표정'마저 차지 않는가. 그러기에 어쩜 희망이란 차라리 늘 멀리서 '차분히 대지에 앉아 항상 하늘과 이야기를 나누'는 존재인지도 모른다.

시인 시적 상상력 속에 존재하는 희망의 빛은 비록 거리를 두고 바라봄에 있지만 언제나 찾아가는 인간 본성의 존재 의의를 버리지 않는다. 오늘도 '대지'에 차분히 내려 앉아 있다. 이것은 김채수 시인의 시가 있게 되는 소리가 된다.

이러한 추상성 속의 '희망'은 구체적으로 '탑'으로 가시화하는 시적 변이를 보인다.

> 비가 내리는 날에도
> 너는 언제나 그곳에 있다.
>
> 오직 지심만을 의지해
> 지상에 평온히 일어서 있다.
>
> 너를 보는 날이면
> 나는 언제나 창공을 향해 나는 날이다.
> 그때마다 창공은 나를 포옹해준다.
>
> 바람 부는 날이면
> 탑 밑 나무들이 춤추고
> 나는 덩달아 술을 마신다.
> 그때도 너는 그렇게 서 있다.
>
> 오늘도 너를 따라 창공에 올라
> 세상을 한번 내려다본다.
> 가슴도 한번 들여다본다.

—『탑』 전문

'희망'과 '탑' 사이엔 하등의 거리감이 없다. 그것은 첫째, 언제나 찾아가는 곳에 '희망'이 있고, 비가 내리는 날에도 '탑'은 언제나 그곳에 있다는 점이요, 둘째, '희망'은 대지에 차분히 내려앉아 있고, '탑'은 지심만을 의지해 지상에 평온히 일어서 있다는 점이다.

이 시에서도 앞의 〈희망〉에서 드러나는 다사로움의 감성이 지극함을 본다. 탑을 보는 날은 '창공을 향해 나는' 날이며, 그 창공은 나를 '포옹'해주는 다사로운 감성의 대상이다. 뿐만 아니라 창공은 세상 내려다보기와 가슴 들여다보기의 거울이다. 그러한 창공은 곧 탑으로 연원되는 시인의 근원적인 내면의식에 까지 다다르는 매개체이기도 하며, 동시에 '움직이며 느끼며 지나가는 길'(『잠수함』 중에서)이고, '하나하나 나를 발견해가고 정이해 가는'(『내가 나로부터 나오는 길은』 중에서)방법이기도 하다. 그러다보니 그의 시인으로서의 다사로운 감성은 애련미를 띠기조차 함을 발견한다.

가면
항상 그곳이셨지.
가셔봤댔자
몇 미터 안팎이셨지.

한때는 나만큼이나
돌아다니셨다지.
그러나 말년은 항상 그곳이셨지.

아니면 이웃집 문 앞이셨지
그곳에서 먼 산을

바라보고 계셨지.

—『말년』 전문

이 시는 독자로 하여금 짜릿함을 느끼게 하기에 충분하다. 그만큼 짙은 객관적 성찰과 함께 생에 대한 애착까지도 생각하게 하는 미묘한 분위기가 있다. 연민의 정, 바로 그것이 김채수 시인의 시인다운 본성의 전부인지도 모를 만큼 우리 모두의 이야기가 아닐 수 없다. 말년의 어르신의 삶의 공간이란 '항상 그곳', 가셔봤댔자 '몇 미터 안팎', 아니면 기껏 '이웃집 문 앞'일 수밖에 없는 생애의 마지막 거리, 그곳에서 바라보고 계시는 '먼 산'은 '나만큼이나' 젊은 자식도 마침내는 바라보아야 할 곳에 다름 아니다. 김채수 시인의 특이한 시적 표현기법 중의 하나인 원근법에 의한 클로즈업 수법은 더욱 독자로 하여금 '말년'의 처절함을 맛보게 해준다.

그러나 한편으로는 세련미를 띠는 이러한 다사로운 감성이 자신에 대한 다짐, 즉 생의 긍정적 인식으로 확대되어 나타나기도 한다.

근래에 와서는
사람과 만나면 상처만 입는다.
친한 사람은 친한 대로
소원한 사람은 소원한 대로.

그러나 나는 알고는 있다.
그 누구도 나에게 상처를 주려고는
하지 않는다는 것을.

그들은 그들 대로 나처럼 사람을 만난다.
그러나 끝내는 그들도 나처럼
상처만을 입는 모양이다.
그래서 근래는 만나는 것이
헤어지는 것인가 보다.

그러나 그들도 나처럼 생각하고 있다는 것을
생각해보면
만나는 것이 그렇게 어려운 것만은
아닌 것 같다.

—『만남』 전문

상처만 입는 사람과 사람의 만남은 결코 김채수 시인만의 아픔이 아니다. 요즘처럼 인구가 폭발하고 만남의 조건도 급속도로 당야해진 속에서 우리는 하루도, 아니 단 몇 시간도 사람과의 만남을 피할 길 없는 숙명 속에 살다보니 현대인 모두가 만남의 두려움으로 소스라칠 때가 많다. 그것이 '상처'로 구체화 된다. 그러나 시인은 자신에 대한 다짐을 게을리 않는다. 그것은 사람과 만난 내가 상처를 입는다면 다른 사람들도 나처럼 상처를 입을 거라는 확신으로 '만나는 것이 그렇게 어려운 것만은 아닌 것 같다'는 스스로의 생에 대한 긍정적 인식의 확대로 발전한다. 또 하나의 예를 들어보자.

너는 항상 구름장으로
세상을 떠다닌다.

정오엔 백장미로
하늘 드높이 피어오르고
해질녘이면
세상으로 흐지부지 흐트러진다.
때로는 먹구름으로 엄습해오고.

움직일
방향도 목적도 잡히지 않는
이 분지 속에서
그래도 볼만한 것은
너 밖에 없다.
설혹 끝없이 변해가고
또 변해가도
그래도 너에게는 일정한 방향과
목적이 있다.

피었다 다시지고
또 피었다 지며
삭막한 땅에는 꽃을 피우고
타오르는 가슴에는 비를 뿌리고.

—『마음』 전문

인간의 마음은 무엇인가. 그것은 '구름장'이며, 하늘 드높이 피어오르는 '백장미'이다. '끝없이 변해가고 또 변해가'는 인간의 마음에 대해 시인은 '그래도 볼만한 것은 너밖에 없다'고 한다. 그만큼 그는 마음에까지도 '삭막한 땅에는 꽃을 피우고', '타오르는 가슴에는 비를 뿌리'는 생명력을 부여하고 있어 생의 긍정적 인식이 돋보이게 하고 있다. 그뿐인가, '잎마다 가지마다/피어오른 정들,/하늘도 서러워 입맞춰 주는구나.'(『초목』 중에서)라든가, 거리도 건물도 세상 위에 소복이 내려앉은 사이를 '가방을 메고 이야기를 나누며 지나가는 아이들'(『세상』 중에서)을 따라간다든가, 혹은 '이제는 구두창도 엷은 것으로 하고/간단 간단히 하자.'라든가 등등 이 모든 자신에의 다짐이 곧 김채수 시인이 갖고 있는 시인으로서의 다사로운 품성에 기인하는 것이며 그 다사로운 품성은 생을 긍정적으로 확대 인식하는 본질로 존재함에 틀림없다.

[4]

"문학평론이란 차라리 작품과 독자와의 사랑문제"라고 갈파한 사람은 수산 손타그이다.

우리는 지금까지 김채수 시인이 첫 시집 『우상의 음영에서』 이후 2년 만에 발간하는 두 번째 시집 『이제는 여러 많은 것들과의 만남을 위해』에 나타나 있는 시의 세계를 살펴보았다.

김채수 시인의 시세계는 결국 세상을 '입체'(『생각』)로, '냉랭한 모래밭'(『연구』)으로, '시궁창 속'(『작업』)으로, 심지어는 '흑막'이나 바위(『재생』)라거나 '한 송이 꽃'(『동반자』) 아니면, '문으로 밖에나 볼 수 없는 곳(『속은 참을 수 없이 용솟음쳐도』) 등등으로 여러 각도와 여러 채널로 바라보기에 열중함에 있다.

그러나 '세상'을 그렇게 그냥 바라만 보는 게 아니다. 한 꺼풀 벗겨보기를 또한 게을리 하지 않는다. 세상을 벗겨보기란 무엇을 의미하는가. 김채수 시인에게 있어서 그것은 곧 스스로의 내면세계를 들여다보는 것에 다름 아니다.

즉, '맑아진 물에 얼굴이 비침'(『연구』), '시궁창 속을 파내야겠음'(『작업』), '휘두르는 법보다 품고 있는 법을 더 연구해야겠음'(『말』), '일을 하나 치르고 나면 항상 마음이 착잡함'(『추락』), '오늘도 창공에 올라 가슴도 한번 들여다 봄'(『탑』), '주의해야겠음'(『착각』) 등등 그의 시 도처에서 드러나는 "세상 벗겨보기=내면세계 들여다보기"가 곧바로 "내적 성찰의 불꽃 다스리기"와 같은 맥락으로 관류하고 있다는 말이 된다.

그리고 그것들은 김채수 시인 특유의 다사로운 느낌과 감성으로 하여 우리에게 깊은 애정과 공감을 갖게 하기에 충분하다. 참으로 세상이 복잡하고 생각도 다양할 수밖에 없는 현실 속에서 자기 자신의 내면세계를 깊이 들여다본다는 것은 얼마나 소중한 일인가. 그리고 결코 절망하거나 자학하지 않고 따뜻한 마음으로 그 모든 것을 감싸주며 꿈과 희망을 가질 수 있다는 것은 또한 얼마나 아름다운 일인가. 시의 본질이 바로 여기에 있지 않는가. 그러기에 김채수 시인의 시 작업은 오늘날 매우 값진 것으로 평가되리라 믿으며, 그에게 뜨거운 격려의 박수를 보낸다.